# 幼儿探究的世界

## ——“双生园本”特色课程设计

《幼儿探究的世界》编委会　编著

照顾小羊顺顺

电子科技大学出版社
University of Electronic Science and Technology of China Press

·成都·

图书在版编目(CIP)数据

幼儿探究的世界："双生园本"特色课程设计 /《幼儿探究的世界》编委会编著. — 成都：电子科技大学出版社，2022.10
ISBN 978-7-5647-9858-1

Ⅰ. ①幼… Ⅱ. ①幼… Ⅲ. ①幼儿园—课程设计—教学研究 Ⅳ. ①G612

中国版本图书馆CIP数据核字（2022）第197765号

**幼儿探究的世界："双生园本"特色课程设计**
YOUER TANJIU DE SHIJIE："SHUANGSHENGYUANBEN" TESE KECHENG SHEJI

《幼儿探究的世界》编委会　编著

策划编辑　杨雅薇　李雨纾
责任编辑　李雨纾

出版发行　电子科技大学出版社
　　　　　成都市一环路东一段159号电子信息产业大厦九楼　邮编 610051
主　　页　www.uestcp.com.cn
服务电话　028-83203399
邮购电话　028-83201495

印　　刷　成都市火炬印务有限公司
成品尺寸　195 mm×210 mm
印　　张　13.5
字　　数　136千字
版　　次　2022年10月第1版
印　　次　2022年10月第1次印刷
书　　号　ISBN 978-7-5647-9858-1
定　　价　189.00元（全四册）

# 编 委 会

# 序

有高质量的教师，才会有高质量的教育。

这是我看到这本《幼儿探索的世界——“双生园本”特色课程设计》时最大的感受。

书中以大量的图片和文字，用生动的事例，讲述了幼儿与动植物之间的互动关系，展现了幼儿个人认知、交流、责任担当、心理满足等差异发展。幼儿以体验式的学习方式感受关爱生命、关爱自然、人与自然的和谐共处。

本书汇集了一个个立足幼儿发展、扎根教育实践、鲜活无比、有内涵的课程故事，一个个生动、鲜活的关于幼儿生活、探究的课程故事讲述着真实的教育情境和教育问题。老师们把幼儿的探究活动以及在活动中的经历、体验和感受作为课程的核心内容，注重幼儿的自主性探究，努力培养善于主动学习、能够解决实际问题、有创新思维和动手能力的幼儿……可以说，从“课程故事”这一小小的视角，让我们看到的是“生态式生活”课程的大视野：当故事中的教师发现并追随每一位幼儿学习的节奏，倾听儿童、解读儿童、支持儿童时，他们的课程意识和孵化能力从中一点一点蔓延、生长；也因此形成了让幼儿在真实的生活情境和自然环境中以自己的方式去感知、发现、成为生活的主人和学习的主动建构者的儿童观、课程观和教育观。

正是这群拥有教育智慧、满怀教育激情的教育者，最终使课程真正助力每位幼儿按照自己的发展节律，自主、自由、自在地生活、学习和成长。

四川省直属机关东通顺幼儿园（简称“东幼”）秉持“顺天性，通未来”的办园理念，顺应幼儿的天性，尊重幼儿身心发展的特点和童年生活的独特价值，尊重幼儿的兴趣和需要，满足幼儿的好奇心和求知欲，基于幼儿视角构建了生态式生活课程。朴实而不缺生动，感性而不缺专业，随性而不失严谨，是我眼中的东幼和他们的课程，也是我的老朋友、东幼优秀的何文园长和他们的优秀团队。

谢谢东幼人客观、全面、专业的记录，谢谢你们精彩纷呈的教改经历！我很荣幸能分享你们的智慧与喜悦！

**四川省心理学会学前儿童心理与教育专委会副主任　万　中**

2022年5月14日

# 孩子们的自画像

陈泊宁

陈思衡

陈彦希

刁奕帆

冯经纬

苟书茉

郭映仑

何宜航

胡天心

胡小沫

贾一宁

简瑞泽

李悦希

梁皓焱

廖梓曦

刘锦潞

刘洛皙

刘思泽

刘伊

刘云妮

梅皓甯

蒲司宸

斯禹豪

汤晨汐

唐懿浛

王子菁

徐翌恺

严钰凯

杨芷玥

曾经

张彦泽

张子骞

钟忆蕾

周毅

周悦琪

**我们的故事……**

# 目 录

# 故事缘由

太阳班的哥哥姐姐在教室门口养的两只小刺猬引发了幼儿对饲养小动物的强烈兴趣。一天，小象突然说："老师，为什么他们班有小动物，我们班没有？我们也想养一只小动物。"许多幼儿也随即附和。（如图1所示）

图1　观察小刺猬

幼儿对小动物有着天然的亲近感，饲养作为劳动教育的重要内容，能够让幼儿近距离与自然生命相处，感知生命成长与存在，亲历动物的生老病死，感知生命的珍贵，感悟生命的意义，同时饲养过程对幼儿能力的培养、人格的塑造也具有十分重要的意义。既然他们萌生了自己养小动物的想法，我们决定追随幼儿的兴趣，看看故事会怎样发展。

# 故事一：养什么动物呢

## （一）动物大讨论

大家都萌发了养小动物的兴趣，可是对于养什么动物，每个人却有着不同的想法。通过谈话我们了解到，幼儿的想法天马行空，有想养恐龙的，有想养长颈鹿的，还有想养鸟的、养大熊猫的、养老虎的……

听着孩子们的想法，我问道：“你们的想法很多，可是仔细想想这些动物适合养在幼儿园吗？”

小象：恐龙都已经灭绝了。（如图2所示）

图2　讨论养恐龙是否可行

我：嗯！小象说得很好，我们要养的动物一定是还存活在世界上的。还有小朋友说养老虎，你们觉得怎么样？”

幼儿们：不行，老虎会吃人！

我：哦，老虎太凶猛了，会伤害小朋友，所以也不适合在幼儿园养。我们选择的动物尽量是温顺一些的，适合我们饲养的。月月说养小鸟，你们觉得呢？

幼儿们：可以！

幼儿们：不可以！

听到了不同的两种声音，我立马抓住契机，引导孩子展开了辩论：“有说可以的，有说不行的，来说一说你们的理由。”

肉肉：小鸟很小，很漂亮，很好喂养。

小鱼儿：我觉得不行，因为小鸟喜欢飞来飞去，万一飞走了就不回来了。

妞妞：可以把它关在笼子里面，这样就不会飞走了。

等等：不行，鸟喜欢在天上飞，把它关在笼子里它就不自由了。

听到大家各自的想法和对动物表达出的尊重与热爱，我欣喜不已，和孩子们继续讨论“养什么动物”的话题：“等等非常尊重小动物，我们养小动物的同时，也要让小动物们快乐、自由。恺恺说养大熊猫，你们觉得呢？”（如图3所示）

图3　讨论养大熊猫是否可行

幼儿们：可以。

我：你们知道大熊猫和祖国妈妈的关系吗？

多妹：大熊猫是我们的国宝。

我：大熊猫是我们国家的珍稀动物，是国宝，需要经过专门训练的饲养员来饲养和保护，我们自己是不能养的哦！大熊猫它吃什么啊？

幼儿们：竹子。

我：对，大熊猫一天要吃好多竹子，我们幼儿园有竹子可以给它吃吗？

幼儿们：没有。

幼儿通过探讨、思辨，最后总结出：要养现实中的动物、不能养猛兽、要温顺一点的、太小的和会飞的都不方便小朋友观察和接触，于是我们在班级进行了第一次投票，初步筛选出票数较高的羊、马、牛三种动物。

## （二）计票小高手

经过班级第一轮投票，没有产生最终结果，而且大家觉得，养动物会占用公共游戏区域，所以也应该听听幼儿园其他人的意见。于是我们制作了宣传海报和投票栏，（如图4、图5所示）请全园幼儿一起参与，用贴纸为喜欢的动物投票。（如图6、图7所示）

图4　通过宣传海报邀请大家投票

儿童的世界浪漫而奇幻，但尊重幼儿的想法并不意味着对幼儿的想法全盘接纳，老师需要在关键的时候引导和帮助幼儿做信息的过滤、筛选和归纳总结。比如，在幼儿提出老虎、小鸟等不太适合饲养的动物时，老师引导幼儿质疑、反思，在苏格拉底式的问答中，让幼儿逐步获得关于问题的合理思考。

图5　引导小朋友投票

图6　其他幼儿参与投票

图7　搜集到的投票

投票结束后我们收回投票栏，一部分幼儿激动地说："耶，羊的票数最多。"我们能够从中知道，这部分幼儿目测统计能力发展得比较好。也有一些幼儿持不同意见。这正是幼儿数学经验运用的契机，于是我们马上抛出问题："到底哪个动物票数多，哪个票数少呢？"大家说："光看不行，要数一数才知道。"于是幼儿们开始数数进行统计。因为有牛、羊、马三个投票栏，而且贴纸大小不一、形状不同、贴得也毫无规律，计算起来有一定难度，所以他们决定分组计票。中班下期，幼儿基本能够较快数清十以内无须排列的物体数量，对十以内有序排列的数能快速准确目测并说出。但对数十个无序排列的事物进行点数，对他们来说是一项挑战。果然，数的过程中出现了问题，同一小组的幼儿数同一块投票栏，数出来的数量却不相同。

于是老师又问："为什么大家数出来的数量不一样呢？"

派派：我看到六六把艾莎数了两遍。还有一个小帽子的他没有数到。

"哦，你发现他数重了，数漏了。那怎么才能不重复又不漏数呢？"我接着问道。

月月：把它们一个一个排整齐再来数。

等等：可以数一个就在旁边标一个数字序号。

满满：可以数一个就取一个下来。

小象：还可以数一个画一个圈圈做记号。

小鱼儿：数的时候还要有一个人在旁边监督他有没有数错。

我：都是可行的办法，但是哪些方法数得更快更准确呢？我们要再试一试。

于是每组幼儿商量，选择了喜欢的方法再次进行统计。有一个小组先尝试把贴纸排列整齐之后再来数（如图8所示）；但发现把贴纸撕下来又整齐地贴上去太麻烦了，于是改用撕一个数一个的办法（如图9所示）;但是撕了一些之后发现贴纸不好撕，于是又换成了用画圈做标记的方法数。另一个组采用的是在贴纸旁边标序号的方式来计数，结果发现有的地方贴纸很密集，没地方写序号，而且有的数字还不会写，于是他们也改成了用画圈做记号的办法（如图10所示）。所以，最后大家发现，还是用画圈做标记的方法最简单。统计完成后一看，孩子们发现小羊的票数远远超过牛和马。于是大家达成一致：养小羊。

图8　把贴纸排整齐再数

图9　撕一个数一个

图10　数一个画圈圈做标记

大家决定了养羊，但是哪里去找羊呢，怎么能够邀请到小羊来我们这儿呢？我们想到了请园长妈妈帮忙。于是幼儿通过图夹文的表达方式给园长妈妈写了一封信（如图11、图12所示），园长妈妈收到信后，经过慎重考虑以及对幼儿园各方工作协调后，最终支持了我们的想法，并且很快就联系到了一只小羊羔。（如图13所示）

在分组统计过程中，幼儿遇到同组不同结果的问题，然后分析发现了原因在于重数和漏数，于是提出排序、做标记辅助、数一个取一个等新办法，在尝试的过程中反思调整，比如觉得排序流程复杂就进行简化，用数字标记混乱就用画圈的办法等，最后成功得出准确结论。值得注意的是在计数活动前，老师们以为数一个拿下来一个最简单准确，然而事实发现撕贴纸费时费力，而画圈圈做标记更加简便适宜，所以老师的经验不一定是正确的，我们需要俯下身子与幼儿一起去经历和成长。

图 11　给园长妈妈写信

图 12　小朋友写的信

图 13　园长妈妈同意请求

# 故事二：小羊的新家日记

## （一）实地参观羊舍

小羊的家是什么样子的呢？大家跟着爸爸妈妈参观了农场、动物园，并将看到的羊舍拍照，制成图集带回班级进行分享。

六六：我看到的羊舍是木头做的，是长方形的。（如图14所示）

图14　木栅栏羊舍

“六六说了羊舍的建造材料和形状。”我帮助小朋友们进行了梳理。

响响：我看到羊舍外面用了不锈钢栅栏围起来。（如图15所示）

“响响看到了用不同材料修建的羊舍。”我继续总结道。

月月：我参观的羊舍是木头做的栅栏，里面还有一个尖尖的像伞一样的给羊遮太阳和躲雨的地方。（如图16所示）

图15　不锈钢羊舍

图16　尖尖屋顶的羊舍

“月月说她看到的羊舍一些特殊构造和功能。”我回应着。

柠檬：我看到的羊舍地板上是有间隔缝隙的。

“柠檬观察很仔细，那你知道为什么要有缝隙吗？”我追问道。

柠檬：是让小羊的粑粑从缝隙掉下去。

从谈话中可以看出，小朋友们通过参观羊舍搜集到了很多的信息。

在这个谈话分享的环节，我们最初的想法是以提问的方式让幼儿从材料、形状、内部功能分区等几个方面来分享他们的所见，但是和班级教师商量后我们认为这种做法虽然能够更加精准地获取信息，但也可能导致幼儿的回答过于范式化，甚至会错过一些特别的信息，或许从幼儿视角看到的东西比我们想到的更加独特、细致呢。于是我们将问题泛化，只是问他们看到的是什么样，然后从他们的回答中去归纳提炼信息。不出所料，柠檬就观察到了一些细节的地方，这也给我们后面设计、修建羊舍提供了重要的参考信息。

## （二）设计羊舍

我：大家看到了很多不一样的羊舍，造型不一样，里面的布局也不一样，用的材料也不一样，你们希望给小羊建怎样的家？

柠檬：我们想给小羊建一个三角形屋顶的家。

我：用什么材料呢？

等等：用木头。

响响：用不锈钢管。

我：大家觉得呢？

等等：木头更好看，不锈钢看起来很坚硬。

恺恺：钢管太硬了，小羊撞到会受伤。

我：你们设计的羊舍里面，除了小羊休息的小房子，还有其他的吗？

豪豪：还有栅栏，有专门给小羊清洗的地方，还有小羊吃东西的地方和散步的空地。

我：你们设计得很贴心，有栅栏、有房子、有喂食区、有清洗区和游玩区，很齐全，那你们可以尝试把设计的羊舍画出来吗？

于是幼儿分组、分功能区地对羊舍各个部分进行了设计。（如图17～图20所示）

图17　喂食区、淋浴区设计

图18　淋浴区设计

图19　房子设计

图20　各部分设计图

3. 搭建羊舍

根据幼儿的设计图，擅长木工的小货郎小朋友的爸爸妈妈进现场对设计图进行优化（如图21所示），并带大家了解三角形的稳定性（如图22所示），认识工具，尝试木工，了解锯木头的姿势是怎样的，怎么才能锯得整齐、锯得快，打孔、钉钉子用什么工具、怎么操作，工作时需要注意哪些安全。给大家铺垫了木工经验之后，爸爸妈妈带着幼儿们进行了修建。

图21　改进图纸

图22　认识三角形稳定性

响响：木头会不会被雨淋坏？我看到丛林探险里倒在草丛里的木头就已经坏掉了。

小货郎妈妈：很好的问题，为什么倒在草丛里的木头会坏掉，我们玩的木梯木桥就不会坏呢？

小象：可能地上水太多了。

小货郎妈妈：嗯，说对了一部分。其实这是因为户外做成玩具的木头是经过了特殊处理的，它叫“防腐木”，可以防止水泡和虫蛀。

小货郎爸爸根据幼儿的设计图，将木材提前做了处理和切割，幼儿分组在小货郎爸爸的带领下，学看工程图，根据工程图尺寸、形状对木料进行再加工。大家热烈地商量分工：谁负责锯木头，谁负责打孔，谁来钉钉子，谁帮忙固定住木头。对比长短、锯木材、组合、连接、拼装，大家自由地、愉快地、有条不紊地进行着工作（如图23、图24、图25所示），像上了发条的机器一样感受不到疲倦。经过一整天的努力，羊舍终于成型了。在大人们的帮助下，羊舍落地东客岛，大家在羊舍前兴奋得手舞足蹈，为自己的工作成果感到满满的自豪。（如图26、27所示）

图23　锯木头

图24　打孔

图25　打孔

图26　羊舍安装完成

图27　大家兴奋得手舞足蹈

相对于幼儿在搭建中获得的知识技能，更加感染到我们的，是他们为了完成自己给小羊搭建新家的愿望而为之共同努力，坚持不懈、持续专注，体验这一过程中的疑难、困惑、失败，感受温暖、开心、自豪的情绪、情感。

# 故事三：小羊的青青草原

幼儿根据自己以往去牧场喂小动物的经验，和爸爸妈妈共同查阅资料了解、总结了羊的饮食喜好，做成了《小羊饮食调查表》（如图28所示）。种植经验丰富的穆爷爷给我们推荐了苜蓿，大家了解到这是很多小动物都喜欢吃的一种饲料草，生长速度很快、营养丰富，最重要的是它就像韭菜一样可以重复收割。于是幼儿在穆爷爷的帮助下，挖土（如图29）、翻地（如图30）、施肥、播种（如图31）、浇水，并记录下穆爷爷交待的后期管理注意事项（如图32）。经过幼儿精心的照顾，一周后，苜蓿草就发芽了，两周的时间，一片青青草原就郁郁葱葱了（如图33），静待着小羊的到来。

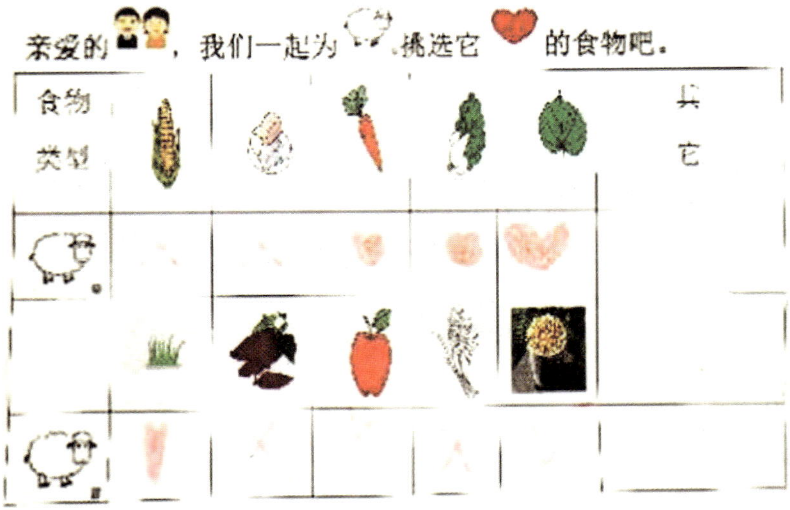


图28　小羊饮食调查表

图29　挖土

图30　翻地

图31　播种

图32　记录播种过程和管理注意事项

图33　苜蓿长得郁郁葱葱

# 故事四：小羊你好

## （一）小羊的苜蓿蛋糕

大家说，小羊来的时候，我们要热情地欢迎它，要给它准备一个欢迎仪式，要给小羊戴花环、戴铃铛、做蛋糕、布置新家……大家分成了很多小分队，选择自己喜欢的方式为迎接小羊做准备。制作蛋糕的想法得到很多小朋友的支持，于是我们提供了充足的材料，让想要尝试的幼儿都有机会参与。

我：什么样的蛋糕是小羊喜欢的呢？

满满：它应该喜欢草做的蛋糕。

月月：胡萝卜它也喜欢。

豪豪：那就用胡萝卜和我们种的苜蓿草给它做一个蛋糕。

老师再次发问："但是苜蓿蛋糕怎么做呢？"

每个人都有自己的想法，于是大家决定分组做。做的过程中又出现了问题，大家直接在桌子上、垫子上做了起来（如图34）。这时，我们没有急着介入，想看看有没有幼儿能够发现问题。终于，响响发现了：这个蛋糕待会儿怎么移动呢？于是大家纷纷去寻找蛋糕的底盘，有的找到了簸箕（如图35），有的用了纸板（如图36），有的找来了盘子（如图37），还有的用了竹筐（如图38）。这回蛋糕可以搬动了。

突然恺恺说："我生日的时候，妈妈给我订了一个两层的生日蛋糕，我也想给小羊做一个很多层的蛋糕。"（如图39所示）

多层的蛋糕怎么做呢？怎么才能做出多层的效果？怎么保持不塌陷？大家不断地去尝试调整，专注又坚持！

图 34　在垫子上做蛋糕

图 35　在簸箕上做蛋糕

图 36　在纸板上做蛋糕

图 37　在盘子里做蛋糕

图38　在竹筐里做蛋糕

图39　多层蛋糕设计图

## （二）冷场的欢迎仪式

风风火火准备了很久的欢迎仪式终于等到了小羊（如图40所示），然而事情并没有如我们的预想一样发展。当我们一大群人围在门口期待着小羊到来时，小羊却惊慌得咩咩叫，一个劲儿地想要挣脱绳索，小朋友喂食它也不吃（如图41、图42、图43所示）。大家有点被泼了冷水。

图40　欢迎小羊的准备

幼儿的潜能是无限的，追随幼儿的兴趣的活动，他们就会特别专注投入，以小组形式进行活动，给予幼儿自主选择自己感兴趣的活动的空间，他们的专注度和投入程度很高，也迸发出了许多精彩的想法和创意。

图41　小羊的欢迎仪式

图42　喂小羊胡萝卜苜蓿蛋糕

图43　小羊不吃食物

这时老师先冷静下来，问小朋友道："小羊为什么会这样呢?"

曾经：小羊可能离开了它以前的家，有点伤心。

月月：它可能不太熟悉这里。

柠檬：是不是我们人太多，声音太大了，吓到它了？

小朋友们能够有这样的语言出乎了我们的意料，突然觉得很温暖。

老师回应道："那我们小声一点儿，等小羊慢慢熟悉这里吧，我们给它一点时间！"

# 故事五：小羊的新名字

欢迎仪式以这样的方式收场，大家的心里难免会有些许失落，但失落之余，幼儿收获了更加有价值的东西：怎样真正地去关爱小羊，给它需要的，而不是我们自己喜欢的。我们与动物的相处是这样，与人的相处也是这样，慢慢了解对方，慢慢建立信任与情感牵绊。在这个过程中，孩子们越来越有同理心，逐渐懂得什么是真正的尊重，懂得了如何去爱。

一天，我听到幼儿在讨论小羊的名字。

派派：我们家养的狗狗叫汤圆，我们的小羊还没有取名字呢。

肉肉：我们给小羊取一个好听的名字吧。

我：那让大家一起来想一想吧。

多妹：叫小可爱吧。

六六：小可爱不好听。

豪豪：叫520吧，它是5月20号来我们幼儿园的。

肉肉：520叫起来不顺口。

果子：叫东东，代表是我们东通顺幼儿园。

唏嘟：为什么不叫顺顺？顺顺利利的顺顺，也是我们东通顺幼儿园。

我：大家意见很多，怎么办，到底叫什么呢？

天天：那还是来投票吧。

大家经过投票，最终给小羊取名“顺顺”。

# 故事六：顺顺拉稀粑粑

## （一）稀粑粑怎么清理

小羊入住之后，幼儿会参与羊舍的日常清洁。一天，刚下过雨，羊舍又变得脏兮兮的，大家照常拿工具打扫。（如图44～46所示）

图44　清理羊舍垃圾

图45　清洁小羊的房子

图46　清扫羊圈周围地面

过了一阵，等等和咘嘟拿着扫把过来对我说："李老师，这个粑粑实在扫不干净，我扫了好久了，扫把上都糊满了，好臭呀。"

我问道："今天为什么会这样呢?"

等等：因为这个粑粑是稀的，扫不起来。好像是小羊拉肚子了。

我：扫把扫不干净的话，还有其他清洁办法吗?

咘嘟：这里有水管，我们可以用水冲吗？把脏东西冲走。

我：你们先试试！

于是咘嘟拿着管子冲水，等等拿着扫把扫（如图47所示），果然水泥地上的稀粑粑很容易被冲走了。可是木头房子里粘的粑粑就没那么容易了。这时穆爷爷拿着一把硬的刷地刷过来问等等："你要不要试试这个刷子。"

图47　用水冲洗羊圈

等等刷了几下说："穆爷爷这个刷子更硬更有力，比我们的好用。"

过了一会儿，等等说："好累呀，我都要没力气了。"

这时候我站出来说："你试试换个方向看看会不会省力一点?"

于是她就不停地调整自己的方向，发现顺着木条的方向刷就会省力一点，也刷得更干净。

他们还发现，房子的门上也有好多脏粑粑，可门是竖立的、晃动的，大刷子不好刷。于是等等叫了在门外面打扫的满满过来帮忙固定住门，还换了一个平时清洁用的海绵刷，发现海绵刷小巧，刷门很方便。

通过一个小小的清洁活动，幼儿能体验到不同清洁工具的适用范围，感知水管的高低、水流的大小、刷子的方向、空间方位的变化与人的清扫活动之间的关系，以及同伴之间的协作、配合，可谓“一日生活皆教育”。

### （二）怎么才能不打湿衣服裤子

清洁完成之后，小朋友发现衣服脏了，鞋子、裤子打湿了。怎么解决这个问题呢？大家决定下次要穿上雨鞋、雨衣，戴上手套。结果第二次，袖口和裤腿的地方还是打湿了，这是怎么回事呢？

小鱼儿：因为雨衣的袖子太大了，敞开的。那个雨鞋也很短。

思衡：那就买长一点的雨衣和雨鞋。

小货郎：还可以戴防水袖套，那个袖口很紧，水不会流进去。

豪豪：还可以把防水袖套穿在腿上呀。

于是我们添置了新的袖套、更长的雨衣、高帮的雨鞋。孩子们的问题得到了很好的改善。（如图48所示）

图48　穿上新雨衣、雨鞋打扫

## （三）给小羊做体检

小羊拉稀粑粑这件事引发了大家对它身体健康的关注。

果子：它为什么会拉稀粑粑呢？

咘嘟：需要给它洗屁股吗？它会觉得难受吗？

大家去咨询穆爷爷、查阅资料，发现是小羊的饮食出了问题。

多妹：我们每天给小羊体检吧，看它有没有不舒服。

我：体检怎么做，要检查些什么呢？

教师是幼儿活动的支持者，其中提供材料支持十分重要。当幼儿提出需求的时候，我们合理地满足，供他们去探索、发现问题，验证结果。这对他们保持劳动的积极态度和获得更好的劳动体验都是很好的方式。我们原本以为幼儿对打扫卫生这样的脏活、累活会比较抗拒，但是没想到反而成了抢手活。他们在打扫中遇到问题，思考解决途径，这件充满挑战的任务激起了他们的斗志，每次完成清洁任务之后都会获得满满的成就感，“不以劳动为苦”在他们身上得到最真实的体现。

妞妞：摸摸它的额头，看看有没有发烧。

添添：称一称它有没有瘦。

月月：观察它的粑粑正不正常。

等等：看它精神好不好。

嘟嘟：听它有没有一直咩咩叫。

我：嗯，有一些我觉得是都可以每天观察的，但有一些可能不用每天都做，比如量身高。你觉得你每天的身高有特别大的变化吗？你们多久才做一次体检检测身高啊？

小弥豆：一学期做一次。

我：对呀，小羊也跟我们一样不会很快长高，所以我们一学期测一两次就可以啦。

于是师幼共构了观察表，每天观察小羊的身体状态，定期给它做体检。

# 故事七：大胃王顺顺

## （一）顺顺的营养食谱

为了避免小羊再次拉肚子，我们仔细分析了原因。大家查阅了资料，咨询了专家和穆爷爷。

曦曦：我觉得有可能是它喝太多水了。

豪豪：我看到它有时候去喝池塘里面的水，有可能不干净。

响响：我和妈妈觉得有可能是小朋友都去给它喂食，它吃得太胀了。

柠檬：它喜欢去啃树皮，有可能吃了树皮拉肚子。

圈圈：他吃树皮可能是为了磨牙。

我：圈圈说得有道理，而且树皮是一种粗纤维，就像我们吃的蔬菜一样，是可以帮助小动物消化的。

小象：我和爸爸查到的资料说，有可能是顺顺进食的时间不固定，然后消化系统不好了。

穆爷爷：小朋友说得很对，小羊大概是吃了太多有水分的东西导致了拉肚子。我们以后需要把青草、蔬菜、馒头这些食物晒一晒再给它吃。然后定时定量给它喂食，就像小朋友吃饭一样，每天按时吃，保护肠胃，好消化吸收。

我：那每天要喂几顿，每顿喂食要喂多少呢？

穆爷爷：一天三餐两点，每顿喂一个食盆的主食，青草和蔬菜适量。

于是大家开始给顺顺搭配每顿吃什么，每样食物各多少量。小朋友和老师一起制定了一张营养食谱。（如图49所示）

图49　小羊的营养食谱

## （二）给顺顺准备食物

制定了食谱，大家就按照食谱来喂养（如图50所示）。但是，小值日生喂养的时候又发现了问题。（如图51所示）

图50　按照食谱给小羊喂食

图51　值日生喂食

小丸子：老师，每次需要去准备太多东西了，好累啊。

我：这确实是个问题，我也发现每次小朋友临时去准备食物，会花费很多时间。有没有办法能够节约时间呢？

圈圈：我们可以提前打包好，到了时间直接拿去喂！

我：哇！圈圈这个建议很不错，我们可以试一试。那什么时间来准备呢？

小货郎：早上自由活动的时间，可以把这一天的全部准备好。

于是小朋友们对照食谱，提前进行分顿打包和标记。（如图52所示）

图52　分顿打包食物

在喂养顺顺的过程中，幼儿体验了作为饲养员的责任。在共构小羊营养食谱中，了解到更多的健康常识，深化了不挑食、均衡饮食重要性的意识。起初，我们希望“制定食谱”这个活动可以让幼儿去试验、探索，在一次次的尝试与调整中达到食谱的科学性。但是我们突然意识到，小羊是一个活生生的生命，随意地试验可能会伤害到它，幼儿的探索发现与生命伦理道德之间孰轻孰重，这个价值判断体现了老师们的课程观和价值观，对幼儿起着隐性的价值导向，于是我们最终选择了查阅资料和咨询专家的方式，直接和幼儿共同设计了较为科学的营养食谱，而不是单纯让幼儿去试验。

# 故事八：顺顺长高啦

当幼儿提出想要给小羊测量身高的时候，我们不免有些担心。虽然在前期开展过测量活动，他们利用绳子、棍棒、杯子等非标准测量工具进行过测量，积累了测量中需要注意的几个核心经验，如：测量的起点和终点，测量工具与被测物需要保持水平，计量单位即测量工具的大小应该是均等的，测量时需要不间断且无重叠。但给小羊测身高，将要使用标准测量工具，是有难度和挑战的，同时对小羊这种活物进行测量，又更加增大了测量活动的操作难度。可是看到孩子们的兴趣和积极性，我们也愿意支持孩子们的想法，和他们一起成长。

经过一段时间的喂养，小朋友们发现顺顺长大了、长高了：“看，小羊都长到穆爷爷的腰了。”那小羊到底有多高了呢？大家产生了强烈的好奇心。咘嘟说：“我们一起去量一量不就知道了吗。”于是小朋友们发起了给小羊测量身高的活动。

## （一）用什么工具测量

我：用什么工具测量小羊的身高呢？

小丸子：用尺子！

等等：我觉得可以用棒来量。

柠檬：我想用科学区的软尺来量。

六六：还可以用筷子来量。

小鱼儿：可以用扭扭棒量。

于是大家纷纷找到了自己想要的工具。（如图53所示）

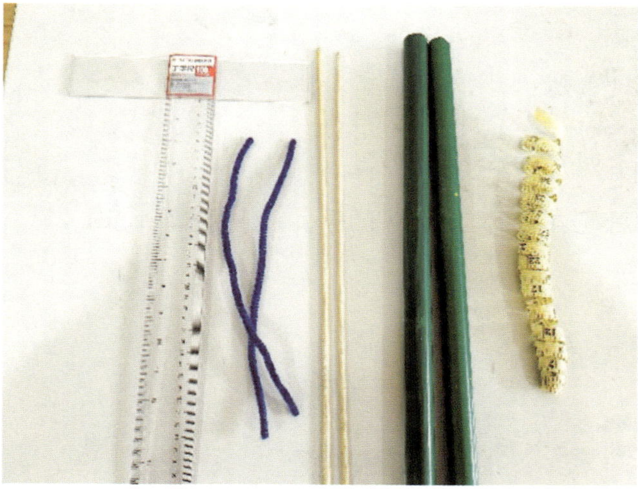

图53　幼儿找到的测量工具

每个人的经验是不一样的，从幼儿的回答我们也可以看出，他们从前面的活动中已有经验的迁移，想到用非标准测量工具去替换小羊的身高。但是对于小羊这样的活物，我们已经预料到操作难度会比较大，特别是使用扭扭棒和筷子这两样工具。但是我们也没有急于去否定孩子们的想法，而是让孩子们亲身去尝试和体验，在问题中反思，为什么过去的经验到了这个情景行不通了，问题出在哪里。

## （二）怎么使用工具

在开始前，我们引导幼儿讨论：要怎么使用这些工具进行测量的操作呢？引导使用同一种材料的幼儿结为一组，一起来商量。

### 棍棒组

大凯：我们就把棍棒竖起来立在地上，看看小羊到棒棒的哪里。

周毅：我觉得我们的棒棒有点短，如果小羊身高比棒棒还高怎么办呢?

大凯：那就在上面再连接一根木棒。

师：如果两根木棒又超出小羊的身高怎么办呢?

大凯：看小羊身高到哪里就用笔在棒棒上做个记号。(如图54所示)

图54　棍棒组测量计划

## 扭扭棒组

我：你们准备用这个怎么量?

小鱼儿：把扭扭棒一根接一根扭在一起连接起来。

我：然后呢？怎么去量小羊?

小鱼儿：就一个人拿着一头放在小羊的脚边，另一个人牵着另一头到小羊的头

顶，看看到扭扭棒的哪里。（如图55所示）

妞妞：那我们要连接多少根呢？

曾经：我也不知道多长才够，我们先连接10根吧。

图55　扭扭棒组测量计划

### 直尺组

豪豪：我们直接用尺子去比小羊到哪个刻度就可以了。

我：尺子怎么放呢，哪头在上、哪头在下？

小丸子：0的那一头在下面，放在小羊的脚旁边，另外一头在上面，看小羊的头顶对着哪个数字。（如图56所示）

图 56　直尺组测量计划

## 软尺组

小象对蒲多多说："蒲多多，待会儿我拿这边（起点）靠在地上，你就拿着上面牵到小羊的头顶就可以了，看看到哪一个刻度了。"（如图 57 所示）

图 57　软尺组测量计划

### 筷子组

六六：小货郎，我们一起来合作吧，我们把筷子一根一根往上重起来，看看小羊有几根筷子高。

小货郎：好，我来协助你。

我：你们的起点和终点的在哪里呢?

六六：起点就是从地面开始，终点就到小羊的头顶。(如图58所示)

图58　筷子组测量计划

## （三）初次测量

小朋友们计划好一切之后，去测量小羊，但小羊到处乱跑，无论什么工具都很难测到小羊的身高（如图59所示）。特别是扭扭棒组和棍棒组，小羊动来动去，扭扭棒很容易被扯断；筷子组小朋友还没有把筷子连接好，小羊就已经走开了。就连直尺组也很难抓住时机测到一个稳定的数值。

图 59　小羊到处乱跑

## （四）小羊到处跑怎么办

我：为什么没有测到小羊的身高呢？

贝儿：因为小羊一直在跑。

我：想一想我们测身高的时候有什么要求？

果子：要站好不动，背要挺直。

果然，小羊的身高没有那么容易测量，幼儿在计划中忽视了“小羊不配合”这个关键点。幼儿有过了直接体验，对动物的特性感知得更加深刻，这时我们再与他们一起去解决小羊乱动乱跑的问题，保证被测量物体的相对静止，由此幼儿对测量条件的认识更加全面深入。一方面，我们预料到测量活动对幼儿的挑战，也考虑到失败经验太多会让幼儿产生挫败感；但是另一方面又考虑到，幼儿亲身体验、动手操作、在问题中探索与反思是他们学习的方式。所以我们鼓励幼儿不用惧怕失败，重点做好幼儿失败后对他们的引导和支持，让幼儿在每一个阶段都有所成长。因此这次失败之后，老师播放照片，引导小朋友聚焦小羊乱跑的问题，思考解决办法，让幼儿有方向、有支持。

我：怎么才能让小羊站好保持不动呢？

等等：我们可以给他喂吃的，它就不会到处乱跑了。

六六：还要把它栓在树旁边。

## （五）第二次测量

于是大家又回到小羊旁，请穆爷爷把小羊拴在大树边，大家重新开始给小羊测身高。（如图60、图61所示）

筷子组和扭扭棒组、木棒组都因为前一次测量感受到这些材料的操作难度太大，放弃了，纷纷加入了直尺组和软尺组这两种标准测量工具的组。

图60　把小羊栓在树上测身高

图61　给小羊喂食物时测身高

大家通过拿食物喂给顺顺让他保持相对安静，然后开始再次给它测身高。软尺组测出身高70厘米（如图62所示），直尺组测出身高65厘米。（如图63所示）

图62　软尺组测量结果

图63　直尺组测量结果

## （六）为什么大家测出的身高不一样

我：为什么同样用的是标准刻度的尺子，测出来小羊会有两个不一样的身高呢？你们觉得问题可能出现在什么地方？

凯凯：我发现直尺组测的时候小羊正埋着头吃食物。

小沫：对，我们要量它的头平着的时候。就像我们测身高的时候不能仰头或者埋头一样，还不能踮脚，不然就不准确了。

柠檬：就是因为他们把食物端得太低了。

贝儿：端食物的时候要端平，让小羊的头平平的。

我：既然直尺组测的数据有问题，那是不是代表软尺组的结果就是准确的呢？（教师播放软尺组测量过程的照片，引导幼儿观察。）

多妹儿：不对，他们的软尺都已经歪了！这样测出来也是不准确的。

教师帮助幼儿梳理经验，总结测量工具使用时需注意的要点，帮助幼儿获得成功体验。

### （七）使用尺子需要关注哪些问题

我：那我们来总结一下，使用尺子需要注意哪些事情呢？

大家经过讨论，总结出了三个要点。

第一，起点要对准0的刻度。

第二，尺子要和测量的东西保持水平，如果是测量高度的话，就需要与地面保持垂直。

第三，测量高度要从最低点到最高点。

### （八）第三次测量

满满说："我们直接用直尺吧，我觉得软尺不好用，量小羊不太好和它保持水平对齐。"于是大家决定只用尺子，最终量出小羊的身高为73厘米。（如图64、图65所示）

图64　都改用直尺测量

图65　测量出最终结果

在大家的陪伴与照顾下，小羊顺顺在东幼健康地成长着。小羊的到来让我们东幼更柔和、更美好，多了一份自然，多了一份童趣。照顾小羊成了大家最开心的事，小羊也成了大家每天的牵挂。动物朋友不光给幼儿提供了一个直接感知、学习、探索的机会，更为珍贵的是给他们构建了一个情感输出的通道，激活了他们对自然生命的关爱，体验了责任感。在与小羊的朝夕相处中，幼儿建立了珍贵的情感羁绊。有时他们会吐槽："顺顺，你好臭啊！""顺顺你好脏啊！""顺顺在我们睡午觉的时候一直咩咩叫个不停。""它今天调皮地用头顶我。"一天，我问："顺顺有时候有点臭，有点脏，有些调皮，吃很多，老是爱在我们睡觉的时候大声叫，那你们还爱它吗？"小朋友们坚定而温暖地回答我："爱！"我问："为什么呢？"孩子们给予了我一个非常富有哲学性的回答："因为它是我们的小羊啊。它怎样我们都爱它。""他脏的时候我们给它擦一擦、洗一洗就可以啦。""每个人拉粑粑都很臭，这不是它的错。""它来顶我们只是想和我们玩儿，说明它也喜欢我们。""每天中午睡觉，我都习惯了听顺顺的声音，听着听着就睡着了。"孩子们的语言纯真而温暖，他们完美诠释了爱的真谛。这个关于"爱是什么"的哲学问题，我想我们都应该向孩子学习。相信小羊顺顺会在孩子们的童年中留下美好的痕迹，这便是饲养活动最大的意义！顺顺的故事也被《育儿周刊》进行了报道，让更多的人知道了孩子们与顺顺发生的故事，倡导大家了解动物，关爱动物！

# 后　记

## 一、饲养与劳动教育

饲养活动本身就是劳动教育中的重要内容之一。在饲养小羊的过程中，给小羊种植青草、给小羊修建房子、给小羊打扫卫生、给小羊准备食物等活动覆盖了种植、木工、清洁、餐厨等多种劳动类型。通过小羊喂情感链接和媒介，小朋友在劳动过程中的情绪情感更加丰沛，在照顾小羊的一点一滴中形成热爱劳动、以劳动为荣、愿意服务他人和集体的劳动情感，在多样化的劳动活动中，习得劳动知识和技能，养成良好的劳动习惯，建立良好的劳动意识。眼中看得见劳动，手中做得来劳动，心中喜欢做劳动。在饲养活动中，孩子们养成了不怕脏、不怕累、不怕困难、坚持不懈的劳动品质。

## 二、饲养与生命教育

小羊对幼儿来说不是宠物，而是陪伴大家一起成长的小伙伴，是生命中一个特别的朋友。当我们成人也如此转换角色，真正的生命教育才开始萌芽。幼儿以朋友的角色与小羊深度共情，有时他们会将自身经验投射到小羊身上，关心需不需要给它洗澡，它会不会不适应新环境，会不会觉得孤单。有时他们也会跳脱出自我，从小羊的视角出发猜想小羊应该喜欢青草和蔬菜做的“蛋糕”。对动物朋友的尊重与爱护，从小羊到地里的蚯蚓、蜗牛，角落里的蜘蛛，树上的鸟儿、毛毛虫，孩子们对自然生命的敬畏之心一路浸润。虽然没有经历小羊的生老病死，但是幼儿在小羊拉稀粑粑的时候所表现出来的担心与关切，足以说明其情之所至。即将到来的毕业离别，相信孩子们也能从中感受到，生命的本质就是一场悲喜交织的旅程。

## 三、饲养与人格教育

小羊对我们的滋养远远不止于孩子能力的提升，更为重要的是在照顾小羊的细碎过程中有一些无形的东西在慢慢生长。面对小羊的幼儿是鲜活的、宽容的、柔软的、热情的。在遇到困难时，孩子们又可以是坚毅的、勇敢的。与同伴相处时是友好的、互助的、合作的。对生命是感恩的、敬畏的、珍惜的。在生活中他们是独立的、自如的。饲养小羊的过程，也是幼儿从关注自我到关注身边事物再到关注社会与自然的内心情感觉醒和自我完满的过程。

# 幼儿探究的世界

## ——“双生园本”特色课程设计

《幼儿探究的世界》编委会　编著

## 水稻趣事

电子科技大学出版社
University of Electronic Science and Technology of China Press
·成都·

# 编 委 会

# 目　录

# 活动缘由

午饭后，我和孩子们一起散步，走到东客岛的时候，孩子们七嘴八舌地讨论起幼儿园东客岛种植园的农作物。看到孩子们的兴趣高涨，我停下了脚步......

麒麒：当当快看，水稻长出来了。

当当：水稻长出来了！

大妞：是真的，大家快看，水稻长出来了！

其他孩子一听，都兴奋地跑了过去，都想看看稻子长什么样子。大家站在稻田边上叽叽喳喳地说起来了......（如图1所示），我想，这些从小远离自然的孩子，很少有机会接触这些自然农作物，而这水稻又是我们一日三餐的主食——大米的来源，这是一个很好的开展生活教育的契机。于是，我们与水稻的探秘之旅就此开启。

图1　和同伴一起讨论水稻

图2　摸一摸水稻

在一次寻常的散步活动中，孩子们观察到了水稻的变化，并对此表现出了浓厚的兴趣。教师及时地捕捉到了幼儿对水稻的浓厚兴趣，并分析和思考孩子的发展需要，做出了价值判断，从而展开了一系列的支持活动。作为教师，在幼儿的一日活动中，要不断地通过观察和分析，真正了解孩子的需要，并构建适宜幼儿发展的外部环境，采取相应的方式和态度来支持配合幼儿的成长需要。

# 故事一：初遇水稻

## （一）水稻是什么样的呢

一天，户外活动结束之后，在孩子们的强烈要求下，我们特意绕路去了种植园。一到种植园，孩子们就急忙跑去了稻田边看水稻。

哥哥：又结了好多的稻谷了。

小白：咦，稻田里怎么有两种长得不一样的水稻。（如图3所示）

豆豆：它们都是水稻吧，因为都长在稻田里。

恒恒：不对，高的那个才是水稻，因为它结的稻谷要多一些。

宸宸：不对不对，矮的那个才是水稻，因为它更黄一些。

图3　两种“水稻”

孩子们展开了激烈的辩论，大家似乎分成了两派谁也说服不了谁。（如图4、图5所示）

图4　同伴间相互讨论

图5　比较两种“水稻”

我走近一看，发现原来孩子们在稻田里找到了两种植物，他们正在为谁是稻谷争论不休。我们班的孩子们都来自城市，缺乏对农作物的认识和了解，既然他们现在对此颇感兴趣，还争论不已，或许这是一个很好的丰富他们经验的时机。于是，我说道："你们不知道这两种植物到底是不是水稻，那可以找谁帮帮忙?"

多米：我们可以去网上查一查不就知道了吗？我妈妈经常在网上查东西。

多米的提议得到了大家的支持。

晴天：可以去外面种水稻的基地看看就知道了。

大家也赞同。

最后通过家园共育，在爸爸妈妈的帮助下，孩子们有的通过上网查找资料，有的利用周末到周边的种植基地寻找答案，孩子们终于知道哪一种才是真正的水稻了。(如图6、图7所示)

图6　和爸爸通过电视了解水稻

图7　通过上网查询了解水稻

可是，这个时候恒恒又有疑惑了，他说："这个高的不是水稻，那它是什么呢？为什么也会长在稻田里呢？它可不可以吃呢？"

伊伊说："这个我知道，爸爸告诉我说这种高一点的叫稗草，它是一种长在稻田里的杂草，农民伯伯如果看到它会把它拔掉的"。（如图8所示）

图8　对比水稻的样子

哦，原来是这样呀！孩子们终于找到了答案。

## （二）麻雀要来吃稻谷怎么办

户外活动时间，孩子们提出去看看水稻，刚走到稻田边，扑哧扑哧，一群麻雀从水稻田里面飞起来了。

在活动中，孩子因生活经验、经历的不同会有自己对事物独到的观察和发现，当出现问题时，孩子们会通过讨论、争辩，共同商议解决问题的办法。因此，在活动过程中，教师要给予幼儿充分表达、分享自己观点和经历的机会，让幼儿在宽松的氛围中与同伴交流、互动，从而丰富经验。当幼儿的知识经验无法解决面临的问题时，利用工具、寻求资源、查找资料也是很好的解决问题的方法。

琪琪：老师老师，快看，这些麻雀在吃我们的水稻。（如图9所示）

图9　麻雀在吃稻谷

跳跳担心地说："这样下去，稻谷会被吃完的，老师，我们要保护我们的稻田。"

我顺势问道："那我们可以怎么保护呢？"

麒麒：我们可以用布把水稻遮起来，这样麻雀就吃不到水稻了。

我：这是一个很有创意的想法，但是用布遮住水稻，水稻就见不到阳光，这样可以吗？

满满马上说：“那不行，见不到阳光，水稻就不能生长了。”

我：那还有其他办法吗？

南南：我们可以做一个假人放在稻田边，吓走麻雀。

我：南南，你是怎么想到这个办法的？

南南：我放假回老家，看到爷爷就是这样吓走偷吃粮食的麻雀的。

听南南这样说，又有几个孩子附和着说，他们也曾在乡下玩的时候看到过这种办法。

最后孩子们一致讨论同意，做个假人放在稻田旁，还取了个神气的名字“稻田卫士”。

因为一次偶然的机会发现麻雀，并发现麻雀要吃稻谷，引起了孩子们的注意。孩子们着急、心疼，于是产生想要做一个“稻田卫士”来保护水稻的想法。教师敏锐地捕捉到了这一教育契机，一步步引导孩子发现问题、分析问题、通过层层思考和推理解决问题。同时，活动中我们也发现幼儿同伴间经验的交流和影像学习也是幼儿学习与发展的重要手段。

# 故事二："稻田卫士"诞生记

## （一）怎么制作“稻田卫士”

有了制作“稻田卫士”的想法后，孩子们就开始着手实施了。于是我问道：“我们可以用什么材料来制作“稻田卫士”呢？”

南南：用纸箱子做，把纸箱子叠起来变成人的样子就可以了。

梓渊：可以用稻草啊。

好好：还可以用棉花做，把棉花塞进衣服里面，像洋娃娃那样。

……

最后，孩子们决定按材料分组来制作。

于是，大家分头去收集纸箱、稻草、棉花等材料。拥有不同材料的小朋友一组，分成了稻草组、棉花组以及纸箱组。

同组商量，并画出了自己的设计图。他们还给自己的组取了名字，分别是：棉花仙子组、无敌盒子组和稻草超人组（如图10、图11、图12所示）。在这个过程中，有的组有几张设计图，每个设计师都介绍了自己的设计图，最后组内投票决定用哪张设计图。

图 10　“棉花仙子组”设计图

图 11　“无敌盒子组”设计图

图12　“稻草超人组”设计图

设计图做好后，孩子们就开始制作“稻田卫士”了。无敌盒子组的几个孩子将收集来的盒子全都叠在一起，组合成一个盒子人（如图13所示）。棉花仙子组的孩子们，去表演区找来了迷彩服，大家一起把棉花塞进衣服里，衣服很快变得鼓鼓的，就像是人的身体一样（如图14所示）。稻草超人这一组，咚咚找来了一根PVC管，大家一起把稻草固定在PVC管上，捆成稻草人（如图15所示）。

图13　用纸箱制作“稻田卫士”

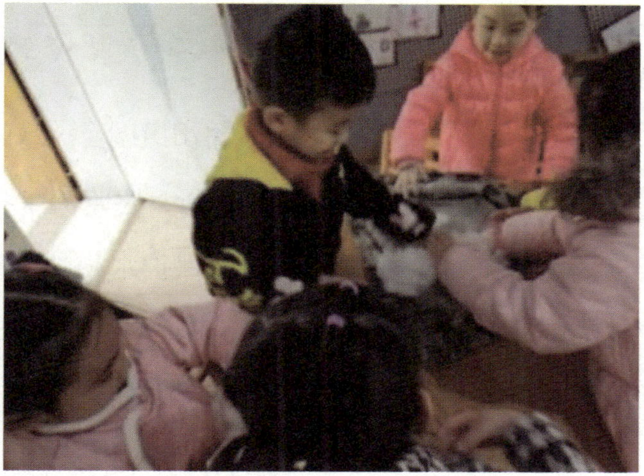

图14　用棉花制作“稻田卫士”

图15　用稻草制作“稻田卫士”

在这个过程中，我们看到孩子们的协商、合作。他们在与同伴协商设计图纸时，在表达自己的意见同时，也倾听、接纳他人的不同意见，在交流、与合作中，发展了社会交往能力。

## （二）“稻田卫士”会打湿吗？

“稻田卫士”做好那几天，碰巧连着好几天都在下雨。

一天，咚咚问了我一个问题：“‘稻田卫士’可是要放在外面保护水稻的，在外面就会淋雨，那纸盒子、棉花和稻草都能淋雨吗？”

针对孩子提出的新问题，我不想直接告诉他们答案，想让孩子们自己去寻找答案，于是我提出：“那我们可以实验一下。”

几个孩子兴奋地去接了一盆水，开始做起了入水实验。通过实验，孩子们得出结论：棉花会吸很多水变得很重、纸箱子会烂、稻草只是被浸湿了没有其他变化，所以稻草最适合做稻草人！（如图16、图17、图18所示）

图16　纸箱浸水

图17　棉花浸水

图18　稻草浸水

棉花组和纸箱组的孩子们感到很扫兴，大家短暂的遗憾后，决定一起用稻草再做一个“稻田卫士”。于是，棉花组和纸箱组的孩子们也加入到了稻草组。

决定了用什么材料后，小朋友们又开始商量“稻田卫士”多高合适。大妞说要做一个和班上最高的小朋友宸宸一样高的“稻田卫士”。大家的一致同意大妞的想法。他们用自己的方法测出了宸宸有7本书、11个酸奶瓶那么高，有1.33米。（如图19、图20、图21所示）

图19　用尺子测量

图20　用酸奶瓶测量

图21　用书本测量

### （三）"稻田卫士"怎么站立

孩子们决定了稻草人要做多高之后，便开始尝试制作，可是试了几次后，他们发现因为稻草是软的立不起来。

针对孩子们出现的这一情况，我启发道："大家思考一下，我们人为什么能站立呢？"

多米说："我们人有骨架，所以可以站着，我们也可以给"稻田卫士"做骨架。"

我接着问道："我们可以用什么做骨架呢？"

这个时候，有经验的东东说："我上次用PVC管做，把稻草捆在管子上，稻草人就可以站立了。"

我说："这个办法不错，我们可以试试。"

接着，孩子们开始用PVC管做骨头，他们尝试把PVC管摆成"十"字架的样子，可是骨头要怎么样固定呢？孩子们去教室里找到了绳子，他们先试着用绳子固定，可是产生了一个新问题——PVC管是光滑的，绳子怎么也绑不稳。（如图22、图23所示）

在讨论中，拥有成功经验的东东将自己的经验与同伴进行分享，同伴间的互相交流、影响形成了一个良好的学习氛围。

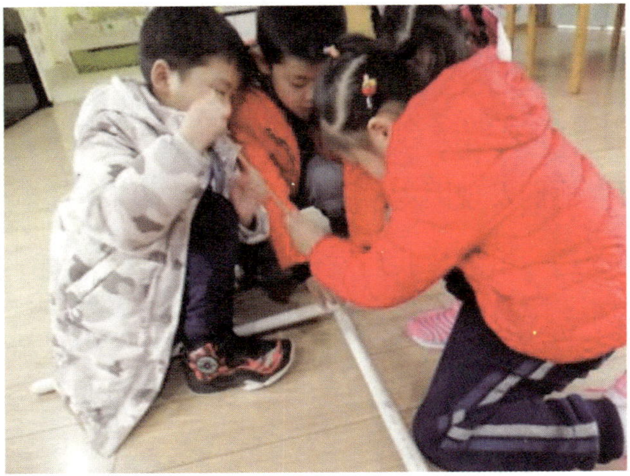

图22　尝试用绳子绑

图23　架子绑不稳

老师看到这个情况后，引导幼儿去寻找有没有其他可以固定的材料。于是孩子们又从百宝箱里找来了透明胶，几个孩子分工合作，将透明胶先缠在架子上，架子果然稳定多了，骨架终于做好了。骨架做好以后，孩子们又分工合作用绳子将稻草固定在骨架上，稻草人的身体、手臂也就做好了（如图24、图25、图26所示）。

图24　用透明胶带绑

图25　绑上稻草

图26　做好的稻草人

"稻田卫士"终于初具模型。怎样让"稻田卫士"看起来更像真人呢？孩子们去表演区找来了各种衣服装扮"稻田卫士"，还用胶泥给它做了眼睛、鼻子、嘴巴（如图27所示）。"稻田卫士"终于做好了，大家都高兴极了。

图27 装饰稻草人

## （四）麻雀们不怕"稻田卫士"怎么办

"稻田卫士"做好了，大家一起兴高采烈地把它放进了种植区。可在后面的几天里，孩子们发现麻雀还是经常来

在活动中应当追随孩子的兴趣，并以此作为活动延伸的导向。同时，孩子是有能力的学习者，遇到问题能自主思考、同伴讨论，并能迁移运用已有经验。活动中，孩子们观察到了下雨，想到了稻草人不能淋雨，所以有了后面棉花、纸箱、稻草的入水实验，并得出稻草才是最适合做"稻田卫士"的材料。作为教师，要适时、适宜、适度地介入，解读儿童的困难，将儿童的困惑难点具体化、明确化，引导儿童思考方式的多样性，启发儿童扩展思路，从而推动活动的深入发展。孩子们提出稻草、纸箱、棉花是否都能淋雨的问题，但布置如何解决这一问题，教师及时引导，提出可以实验一下的建议，从而深入推动活动的开展。

在本次“稻田卫士”活动中，孩子体验了一段珍贵的学习历程。因为一次偶然的发现麻雀，引起孩子们的注意，引发孩子们想要做一个“稻田卫士”来保护水稻的想法，在活动中孩子在自我思考与选择、自我质疑与调整、自我主张与表达、自我发现与探究。

当在选择用什么材料做“稻田卫士”时，他们在自我思考与选择，当在做“浸水实验”时，他们在自我质疑与调整，当在“分组设计‘稻田卫士’设计图时，他们在自我主张与表达，当在探索“怎么固定”“怎样动起来”时他们在灵活迁移经验，主动解决问题。

在活动中，教师解读幼儿的需要，适宜地扮演多重角色，有时是陪伴者，当孩子在发现兴趣点时，比如在“哪些材料能做“稻田卫士””

吃稻谷。“怎么回事呢?”孩子们困惑地向老师求助。于是老师提出：“麻雀为什么只怕人，不怕“稻田卫士”呢?”

彦彦：因为人会动，“稻田卫士”不会动。

贝儿：人会说话，“稻田卫士”不能说话。

好好：“稻田卫士”能动能说话就可以了。

我接着追问：“这个主意不错，怎样让“稻田卫士”能动能、说话呢?”

琪琪：可以把铃铛挂在“稻田卫士”身上，叮铃铃地响，麻雀就不会来了。

老师：这个方法不错，还有其他办法吗?

大妞：还可以把丝带挂在“稻田卫士”身上。

贝儿：我们还可以在“稻田卫士”身上加上风车。

于是孩子们收集了风车、铃铛、丝带等，将这些材料都装饰在了稻草人身上。风来了，丝带都飘了起来，风车也转了起来，铃铛也发出了叮铃铃的声音，远远看去就像“稻田卫士”在跳舞一样。自从“稻田卫士”“动”了起来，就再也没见过麻雀来吃稻谷了。(如图28、图29所示)

图28　挂上铃铛

图29　绑上塑料袋

时，教师支持孩子们的这些想法，鼓励他们去操作尝试，让孩子在实践中发现问题解决问题，从而找到最优方法，老师没有直接告诉答案，给予孩子充分的空间自我解决。教师也是支持者，在“哪些材料能做“稻田卫士””时，教师认真观察孩子们与材料的互动过程，机智提出让孩子们自己实验一下，支持孩子们通过入水实验发现问题、分析问题，寻找答案，提升了经验。教师有时是引导者，当孩子遇到困惑时，教师能把握事件的方向，转移孩子关注的重点，提出质疑（麻雀为什么不怕“稻田卫士”?），在合适的时间和事件给予不同的支持。当孩子可以“独当一面”时，把探索空间留给孩子，鼓励孩子在已有经验上的深入探索，在孩子需要及时介入时帮助孩子在原有基础上提升，这才是教育。

# 故事三：收割大作战

## （一）用什么工具收割

眼看水稻越来越黄，孩子们收割水稻的心情也是越来越迫切。老师提出：“可以用什么工具收割水稻呢?”大家争先恐后地说了起来。

跳跳：可以用收割机，我在电视上看过。

晴天：可是幼儿园里面没有收割机。

梓渊：可以用刀。

源源：我可以直接用手拔。

皓皓：不能直接用手拔，稻草的叶子会划伤手，要戴手套。

羊羊：可以用木棍撬。

妍妍：可以用剪刀剪。

好好：先用铲子把土铲开，再把水稻拔出来。

孩子们七嘴八舌地讨论着，到底用什么工具来收割呢？孩子们开始在教室甚至幼儿园里到处寻找工具。有的在教室找、有的要去木工坊找、有的去烘培室找，还有的找到了其他班的老师借工具……（如图30～图33所示）

图30　在木工坊寻找工具

图31　在烘焙室寻找工具

孩子们在寻找工具时，教师常用的做法是有意识地把工具提供在孩子的身边，这似乎给了孩子一种固有思维——遇到问题，就立刻能够从身边找到适宜的工具来解决。而在真实的生活中，往往不会有人特意把需要的工具放在你的身边。所以，让孩子们在周围真实世界中寻找工具或替代物，也是一种生活能力、探索能力的发展。

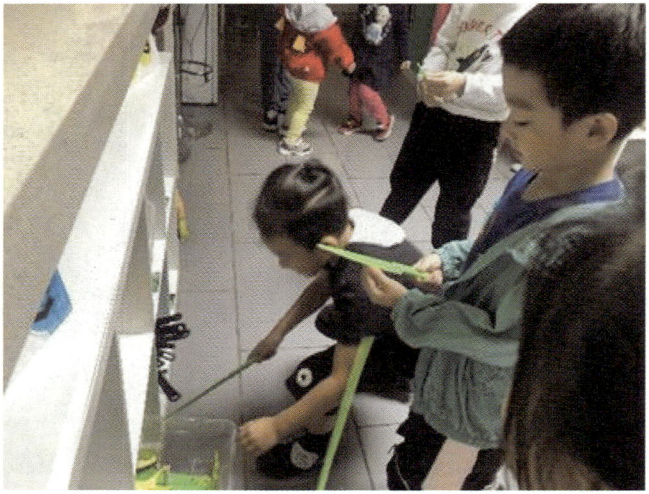

图32　在职工食堂寻找工具

图33　在种植园寻找工具

## （二）怎么割水稻

### 1. 第一次割稻谷

孩子们选择了自己认为适宜于割稻谷的工具，开始收割啦！

好好：我割下来啦！

好好一手拿着工具小菜刀，一手兴奋地举着自己收割的水稻。

麒麒：我的怎么弄不下来呀。

拿着剪刀的麒麒一脸疑惑。

恒恒：我也弄不下来。

拿着剪刀的恒恒一脸失望。

弟弟：我的木头怎么割不动呀。

大家站在稻田边，有的拿着剪刀、有的拿着木头、有的拿着儿童小菜刀，热闹非凡。（如图34、图35所示）

突然，“扑通”一声，只听满满大叫了起来：“老师老师，梓渊掉到水里面去了。”我走过去一看，梓渊的裤腿上、手套上都是泥巴，孩子们都哈哈大笑起来。梓渊不好意思地说：“我也不知道怎么掉下去了。”

图34　用小刀收割稻谷

图35　用剪刀收割稻谷

第一次收割，孩子们有的收获满满，有的失望难过，还有的一身泥水。回到教室后，大家对自己第一次收割水稻的情况做了总结。

好好：我用的小刀能割下水稻，可是我只割了一小撮下来。

如意：我用木头，可是根本弄不断。

梓渊：我想用手拔，可是一使劲就不小心掉水里了，裤子都弄湿啦。

满满：要尖的东西才能割水稻，不尖的都割不动。

### 2. 第二次收割稻谷

通过对第一次水稻收割的实践和经验总结，孩子们优化了方案，为第二次尝试做足了准备。

琪琪：我下次就用小刀，小刀可以把水稻割下来。

梓渊：要穿雨靴才行，这样即使掉下去也不会弄脏裤子。

当当：我们可以去请穆爷爷教我们应该怎样割水稻。

这一次孩子们都选择了用小刀，并且都穿好了雨靴。在穆爷爷的指导下，孩子们收割了不少的水稻，热烈地欢呼了起来。（如图36、图37所示）

通过第一次实际操作，孩子们初步认识了收割工具，知道不同的工具有什么样的作用。从提出问题——怎么收割水稻；探究讨论——寻找收割工具；操作验证——使用工具；发现问题——我们找来的工具无法收割，怎么办；得出结论——原来有着锋利刀头的菜刀可以收割水稻，剪刀和积木没有锋利刀头不能割水稻。孩子们在提出问题、探究思考、操作验证、发现问题、得出结论的一系列探究过程中，逐渐形成初步的探究能力，获得了关于收割工具的经验以及主动学习的学习能力，从而体验探究的乐趣。

儿童正处于直觉行动思考阶段，行动能够促进幼儿思维的新发展。在收割水稻的活动中，孩子们按照自己的经验找到了收割工具。他们急于验证工具的可行性，第一次尝试后，了解到了有些工具是不可行的，获取了关于割水稻的直接经验，于是有了第二次对工具的优化。在这一过程中，幼儿的经验是通过亲历获得的。

图36　用小刀割了一大把

图37　从底部开始割

# 故事四：丰收稻谷

## （一）用什么工具“打”稻谷

在孩子们的共同努力下，水稻终于收割完成啦！孩子们对水稻探究的热情越来越高，可是怎么才能把稻谷剥离出来呢？孩子们又开始了热烈的讨论……

伊伊：可以用手扯。

姗姗：要带手套，不然会弄伤手的。

楠楠：可以用木头敲。

宸宸：可以拿起水稻使劲地在地上打，稻谷就会被打下来。

当当：地上很脏，可以在地上铺一个东西，我们在上面打。

最后，孩子们讨论的结果是尝试“打”谷子，并派出了小分队去西瓜班借一下弟弟妹妹做早操用的彩虹伞。大家把彩虹伞铺平后，就开始用自己想到的方法“打”谷子了！场面真的是热火朝天。（如图39、图40所示）

图39　用手使劲扯

图40　拿起水稻在地上敲打

## （二）怎么才能把稻谷变成大米

孩子们通过自己的努力，终于将稻谷弄了下来，一片欢腾景象。这时，几个孩子围着稻谷叽叽喳喳地说了起来：“剥下来的谷子怎么才能变成大米呢?”突然麒麒说：“快看！我能直接用手把稻谷剥下来，里面是白白硬硬的米!”

其他孩子都兴奋地想试一试，大家开始自己动手剥米。在剥米的过程中，孩子们发现，手剥的速度很慢，还容易把米剥坏。

我借机说：“用手剥米很慢，那怎么才能又快又完整的保留我们的米呢?”

大妞：可以用木棒打。

好好：那这样大米都被打坏了。

哥哥：我看过爷爷把稻谷放在一个机器里面弄出来。

那么，是什么机器呢？孩子们通过观看视频，了解了这个机器叫“打米机”，直接把稻谷放进打米机就可以打出很多的大米。（如图41、图42所示）

图41　用手剥谷子

图42　通过电视了解打米机

小朋友们对用打米机来打米表现出了浓厚的兴趣。于是我们开展了寻找打米机的活动，但是很遗憾，没有找到。看着小朋友们失落的表情，我对他们说："周老师老家有这样的打米机。"于是，小朋友们委托我将剩下的稻谷用打米机打出。周末回到老家，我给孩子们发视频、照片，孩子们看着自己收割的稻谷很快地变成了白白的大米，谷壳也变成了细细的糠，非常激动。（如图43～图46所示）

图43　打米机

图44　打米机在工作

孩子的思维特点是以具体形象思维为主，能直接感知物体的表面特征，喜欢进行操作来探究。怎样将稻谷变成大米，孩子们对稻谷充满了好奇，用看一看、摸一摸、剥一剥的方式，讨论出了用手剥米的方式。在实际操作中，他们发现剥米很慢，且会剥坏的问题。这时候教师要支持和引导孩子，给孩子提供探究机会，认真倾听孩子的想法，判读和识别他们的认知水平，为下一步支持和引导幼儿的深入探究提供依据。部分孩子有过机器打米的经验，再通过视频的方式，直观了解打米机，了解生活在城市中的孩子少见的工具，拓展了孩子的生活经验，让他们感受到了科技与我们的生活有密切关系。

图45　大米打好啦

图46　谷壳变成了糠

## （三）大米可以做出哪些美食

### 1. 香香的米饭

孩子们通过亲身体验以及视频学习，知道了稻谷是如何变成大米的，可是大米和我们平时吃的饭也不一样呀，那大米是怎么变成米饭的呢？孩子们开始思考起来。

多米：把大米煮了以后就是米饭了呀。

小丸子：可以用电饭煲煮。

咚咚：煮的时候要加水，我看爷爷就是加了水的。

看着孩子们兴趣浓厚地讨论着，我抓住教育机会让孩子们自己尝试一下煮饭。

孩子们自己淘米，把米放进电饭煲里，然后加水，在老师的帮助下给电饭煲插上了电，孩子们耐心地观察着、等待着（如图47～图49所示）。饭终于煮好了，大家可开心啦！这天中午，孩子们吃的就是自己煮的饭，大家吃得可香啦！

通过自己洗米、煮米，亲历做饭的过程，进一步拓展了关于煮饭的生活经验，孩子们真切地感受到米饭的来之不易，更加懂得了要珍惜粮食，有利于养成不挑食的好习惯。

图47　淘米

图48　把米放进电饭煲

图49　等待电饭煲煮饭

### 2. 美食大会

除了米饭，大米还可以做出哪些美食呢？孩子们利用周末和爸爸妈妈一起来了一场与大米有关的美食之旅。（如图50～图53所示）

图50　大米做的米糕

图51　大米做的寿司

图 52　大米做的熊猫

图 53　大米做的南瓜饼

### 3. 光盘行动

这段时间，孩子们通过收割水稻、打谷子、剥米、煮饭等活动，深刻地认识到了粮食的来之不易，知道了农民伯伯的辛苦，知道了世界上还要很多人吃不饱，于是大家下定决心，以后要珍惜粮食、不浪费食物。孩子们在幼儿园和家里开展了“光盘行动”，还制作了“光盘行动倡议书”，并且进行了宣传。（如图 54、图 55 所示）

图 54 “桌面要保持干净”宣传书

图 55 “碗里面不剩饭菜”宣传书

在收割水稻、“打”谷子、剥谷子的一系列实际操作中，孩子对水稻有了更进一步的认识，对劳动也有了更深刻的了解。收获了大米后，孩子们又结合自己的生活经验，提出了大米和平时吃的米饭是不一样的。问题的出现是促进孩子认知发展的动力，给予孩子探究思考的机会，于是孩子们想到可以把大米煮成米饭，这一过程也是孩子们生活经验的体现和提升。

活动的开展要以孩子的问题为导向，借助问题导向进行的学习是一种深度学习，能够促进孩子经验内化和思维发展。大米收获了，但活动还没有结束，孩子们的新问题又进一步推动了活动的延续。教师支持孩子对问题的探究，引导孩子思考解决问题的方法。整个过程，孩子们感受到了粮食的来之不易，培养了节约的良好意识，情感上得到了进一步的升华。

水稻的故事还在继续：孩子们用晒干的稻草在操场上玩起了捉尾巴、拔河、搭房子、钻山洞、青蛙跳的游戏；在教室里用干稻草在表演区做裙子、在美工区创作作品、在益智区给稻草比长短；在家还和爸爸妈妈一起巧手制作了各种稻草玩具和作品，让原本毫不起眼的稻草，变成了让人眼前一亮的艺术品。（如图56～图59所示）

图56　稻草做的房子

图 57　和妈妈一起制作稻草手工

图 58　穿上稻草裙表演节目

图59　用稻草跳房子

# 后　记

这是一场关于水稻的惊喜发现。从保卫水稻到收割水稻，孩子们通过与爸爸妈妈上网查询资料认识水稻、与同伴一起探究保护水稻的方法、自由结伴分工寻找适合收割水稻的工具。在活动的开展中，教师要适当地“退后”，但是在必要的时候，也应通过观察适时并且用适宜的方式推进活动过程，引导孩子自主寻找问题的答案，以此获得直接经验的积累。

## 一、在真实的亲历中发现课程

孩子们在真实生活中通过对水稻的日常观察和照顾，发现了麻雀要来吃稻谷的现象，这片稻田是在孩子们的精心照顾下慢慢长大的，这一过程中孩子们付出了心血、懂得了劳作的辛苦，所以在看到有麻雀来吃稻谷的时候，孩子们感到了着急和心疼，以及想要解决这一问题的强烈意愿。教师敏锐地捕捉到了这一教育契机，引导孩子们去想办法解决问题，鼓励他们学会多角度思考，尝试用多种方法解决问题。随着活动的持续开展，孩子的关注点也不仅仅只是做好一个“稻田卫士”了，到了后期，他们思考的是如何能让“稻田卫士”动起来，这样才能更好地赶走麻雀。正是由于活动来源于孩子真实的需要和发现，所以活动的开展才会深入持续，孩子在活动中也才一直涌现出积极的热情和主动性。

## 二、在轻度和过度之间找到适度

教师在活动中要放慢脚步，给孩子大胆尝试的机会，懂得退后，也懂得适宜出场。活动是孩子的活动，教师是孩子活动的支持者和引导者，教师应重视孩子们的探索，给予他们充足的时间、空间、材料和必要的经验支持，通过使用提问、语言、共构、材料等媒介，间接推动活动的发展。在本次活动中，面对孩子遇到的问题，教师没有直接告知问题的答案，而是通过恰当的方式引导孩子拓展思维，通过多次尝试、不断实验、试误纠正等方法找出最优答案，孩子也在这一过程中培养了科学探究、理性思考的良好品质。

寒来暑往，四季轮转，稻田中的“稻田卫士”也陪伴我们和东客岛的瓜果蔬菜度过了安稳的一年；在风霜雪雨中，“稻田卫士”也在孩子们的簇拥下有着不一样的装扮。童年的野趣是幼儿最珍贵的礼物，还孩子一份天然的野趣天地，我们的水稻趣事也会继续……

# 幼儿探究的世界

## ——“双生园本”特色课程设计

《幼儿探究的世界》编委会　编著

### 堆肥加工厂

电子科技大学出版社
University of Electronic Science and Technology of China Press
·成都·

# 编委会

# 孩子们的自画像

杨修质

李哲琨

彭泽睿

王易

李冉冉

赵若兮

仲一宁

王俊熙

何奕萱

吕锦睿

刘若溪

许诺

李姝娴

朱倚麒

李雨桐

朱奕铖

肖清源

张焕然

陈曼语

唐铭阳

蔡翊邦

聂浩洋

罗珈彤

李乔恩

刘梓娇

金锐泽

邹欣谚

田懿轩

何一嘉

饶浩轩

王芊语

吕锦宸

周泓羽

宋添娇

翁语锘

黎芮萱

我们的故事……

# 目　录

# 故事缘由

今天是开学的第一天，孩子们最大的愿望就是在幼儿园散步，看看我们班在东客岛的辣椒生长得怎么样了。来到东客岛的种植园，孩子特别兴奋，一会去看看海星班的豌豆，一会又跑去看看月亮班的油菜。很明显，他们很乐于在菜地里“玩耍”。正当这时，恩恩小朋友说：“呀，我们的辣椒死了。”小朋友们听到叫声，连忙跑过来，我引导小朋友仔细观察辣椒，问：“你们发现了什么？”

笑笑：我们的辣椒长得太小了？（如图1所示）

豆豆：有的辣椒枯萎了。（如图2所示）

“为什么会出现这些情况呢？”我继续追问着。

准准：我觉得水浇得太少了。

朵朵：我听爸爸说过，植物缺少肥料，叶子会变黄，你看我们的辣椒，叶子黄黄的。

教育家陈鹤琴先生说：“大自然、大社会都是活教材”，幼儿在种植园开展的活动，就是亲近大自然的一种方式。幼儿对植物的生长充满了好奇，好奇心是幼儿终身学习的原动力。孩子们不再仅满足于“是什么”，而更多地开始关注“为什么”“怎么办”……对周围的世界产生了强烈的求知欲。作为教师，抓住教育契机，找到有价值的部分进行深入的挖掘，是我们的职责。

图1　辣椒变小了

图2　辣椒枯萎了

# 故事一：拯救辣椒

回到班里，我们进行了讨论与思考。大家一致认为：是土壤缺少营养才阻碍了辣椒的生长。

我提出问题："缺少营养该怎么办呢?"

笑笑：需要肥料施肥。

果果：用什么肥料啊?

大家对肥料都很陌生，班级陷入了小小的安静。我接着说："肥料是一个很神奇的东西，今天小朋友回到家，和爸爸妈妈一起了解什么是肥料吧，我们又需要什么肥料帮助辣椒呢?"

教师的问题成功激发了孩子们对肥料的兴趣，开启了他们肥料的探究之旅。有的孩子询问幼儿园穆爷爷（如图3所示），有的回家和妈妈一起查阅资料（如图4所示），还有的问起了有经验的爷爷奶奶。

图3　询问穆爷爷

图4　和妈妈了解肥料

第二天，在晨间活动时，孩子们已经能神采奕奕地分享收获的知识经验了。

罗罗：穆爷爷说可以买一些复合肥。

豆豆：我奶奶说化肥对小朋友的身体不好。

笑笑：外婆说可以把菜叶埋在土里做肥料，她就是用这样的方法。

小睿立马附议笑笑的想法："我同意，我和妈妈一起查了资料，我们可以自己做出有营养的土，小猪佩奇的爷爷就是自己堆肥的。"

就这样，孩子们一致决定要进行堆肥活动，自己做肥料。

在讨论和分享的过程中，教师是孩子活动的支持者、引导者和合作者，教师以同伴的身份参与到活动中，认真倾听并充分尊重、支持每个孩子的想法。从孩子的关注点出发，有助于保护他们对周围世界保持持续的探究欲望，培养孩子不怕困难、积极主动的学习能力。孩子通过观察、学习、探究堆肥的全过程，增强他们环境保护的意识，这也是我们开设堆肥工厂的初衷。

# 故事二：什么是堆肥

## （一）什么是堆肥

孩子们回到家中，和爸爸妈妈一起利用查网络、看视频、读绘本等多种形式获得了许多关于垃圾堆肥的方法，并以海报的形式做了记录（如图5、图6所示），第二天带着自己收获的知识进行了班级分享（如图7、图8所示）。原来堆肥是利用各种有机废物为主要原料，经堆制腐解成为有机肥料。

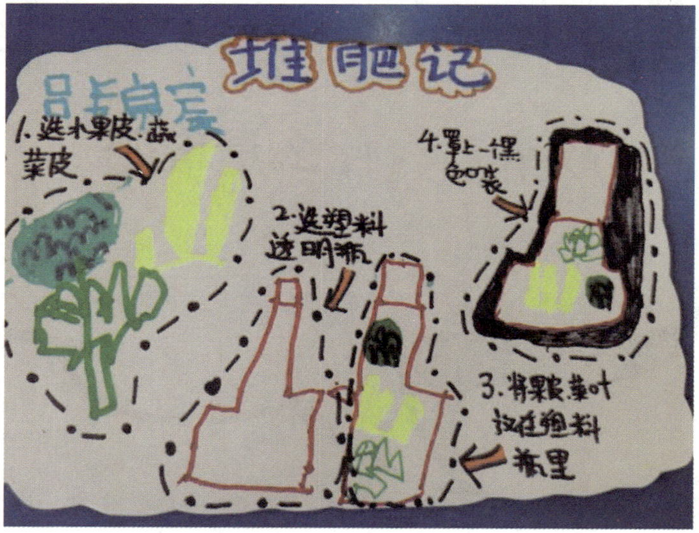


图5　堆肥海报

图6　堆肥海报

图7　分享堆肥方法1

图8　分享堆肥方法2

教师为幼儿经验的获得提供了学习的支架，以幼儿感兴趣的话题为中心，通过亲子查阅等多种资源丰富了幼儿的经验，为幼儿进行实践活动做好了充分准备。

跟随孩子们探索的脚步一起去发现，一起解析，堆肥探秘之旅就这样开始了。孩子们对堆肥产生了浓厚的兴趣，并联想到了生活中经常见到的垃圾，关于“化腐朽为神奇的垃圾堆肥”的问题也由此产生。

### （二）堆肥有哪些方法

经过前期的铺垫，孩子对堆肥有了一定的了解，为了进一步激发他们的探究兴趣、拓展学习方式，我们在图书区有意识地投放了很多关于堆肥的绘本故事和自制图书，引导孩子们梳理出堆肥的常见方法，形成初步概念。

早饭后，豆豆和旁边的小朋友说：“我听爸爸说，有‘三明治堆肥法’，好奇怪的名字呀。”

另一个小朋友立刻问道：“‘三明治堆肥法’，是我们吃的那种三明治吗？”

豆豆说：“我猜是把三明治放进去堆肥，因为三明治是厨余垃圾。”

我捕捉到孩子们对堆肥的方法出现了疑问，一个很好的学习契机出现了。于是我说：“‘三明治堆肥法’到底是什么呢？”小朋友们七嘴八舌，还是说不清楚到底什么是“三明治堆肥法”。在小朋友心中埋下疑问的种子后，教师选择退后等待小朋友的发现。

区角活动时，准准跑过来，很激动地对我说：“老师，我知道什么是‘三明治堆肥法’了！我在图书区里看见了。”他激动地给我解释起“三明治堆肥法”。我非常认真地听着他的发现，心里暗自高兴，鼓励他将这个发现分享给小朋友。（如图9所示）

图9　分享“三明治堆肥法”

在活动过程中，教师采用退位支持的方式来推动幼儿的深入探究。如：将疑问埋在孩子心中或提供环境、区角、材料的隐形支持，有效地调动儿童主动学习、探究发现。幼儿阶段，孩子是以具体形象思维为主。教师根据幼儿年龄特点、学习方式，借助具体情境，通过开放性的问题及实物展示的方法，激发孩子不断思考、探究和交流，在讨论中发现和学习，与前期已获取的知识建立联系的同时，形成了自己对已有经验的进一步认知，促使他们对堆肥的方法有了更明确的认识。

孩子们讨论着，原来“三明治堆肥法”就是：准备一个足够大的容器，先铺一层土壤，然后把厨余垃圾等铺满一层，再盖上一层薄土，如此反复，直至把容器堆满，最后在表层盖上一层厚土。这时，我提供出三明治的图片，引导孩子们更加直观地了解“三明治堆肥法”。小朋友纷纷表示，都想用三明治的方法来实现营养土的制作。

# 故事三：给堆肥选址

## （一）堆肥加工厂出现了

堆肥活动在孩子们热烈的期盼中进入了实施阶段。“堆肥需要准备什么呢?”我问孩子们。孩子们激烈地讨论起来。

果果：我们需要一个地方来堆肥呀。

稀饭：对，还要准备堆肥的工具、材料。

恩恩：还要告诉弟弟妹妹这里是堆肥的地方，不能去玩。

我：小朋友们说得真好。

瑾儿：我们可以取个名字，写在标记牌上。

我：我们取个什么名字?

都都：就叫“堆肥站”。

稀饭：太阳堆肥站。

准准：我们在加工制作肥料啊，像个加工厂，我们叫“堆肥加工厂”吧。

稀饭：我同意，做好了弟弟妹妹们也可以用。

孩子们都觉得这个建议很好。

…………

就这样，孩子们的“堆肥加工厂”诞生了，他们继续三言两语地探讨着。我建议孩子们，将自己的计划画出来，做到心中有数，在制定计划的时候想一想先做什么，后做什么，然后与同伴分享交流你的计划，看看是不是合理。（如图10、图11所示）

图 10　制定堆肥计划

图 11　堆肥计划书

教师带领幼儿共同讨论、交流探索计划，通过别人的计划完善自己的计划，听取别人的意见，引导幼儿大胆尝试：孩子通过制定计划，理清思路，明确探究方向。并在制定计划中体验按计划做事的快乐，萌发幼儿做事有计划性。同时，孩子们学会合理有序安排时间，培养其有序做事和时间观念意识，养成良好习惯，也是为进入小学做好准备。

## （二）工厂建在哪里

有了堆肥计划后，便开始进入堆肥加工厂的准备工作了。可是，堆肥工厂该建在哪里呢？我把这个问题抛给了孩子们，想听听他们的想法。

小睿：我知道，要选择一个通风的地方。

准准：还要有太阳的地方。

许诺：一个隐蔽的地方，不能影响弟弟妹妹们玩游戏。

孩子根据前期获得的知识，开始筛选：东客岛、种植地、丛林探险都成为他们考察的地方。（如图12、图13所示）

图12　堆肥工厂选址1

图13　堆肥工厂选址2

孩子们自主选择位置，经过认真的思考和讨论后，想把工厂建造在通风和可以日晒的地方：丛林探险中的一小块角落里。可是，他们不知道是否可以使用这块地方。

阳阳：老师，我们可以在这里堆肥吗？

我：这是幼儿园的公共场地，我们不能做决定呢！想想看，我们可以求助谁？

这时，准准说道："我们把自己的想法写下来，去问问园长妈妈吧，她管我们幼儿园，应该问问她，同意我们这样做吗。"

## （三）给园长妈妈的一封信

孩子们开始给园长妈妈写信。（如图14、图15所示）。

图14　给园长妈妈写信1

图15　给园长妈妈写信2

孩子们将自己写好的信送到了园长妈妈办公室，并且激动地向园长妈妈说着他们的想法，期待着园长妈妈的回信……（如图16所示）

图16　给园长妈妈送信

园长妈妈非常关心和支持孩子们建造堆肥工厂。她来到了太阳班，把回信送到了孩子们手上，每一个孩子的脸上都洋溢着幸福的笑容，拿到信后都迫不及待地想看看信的内容。（如图17所示）

读了回信后，知道了园长妈妈同意我们在选定的地方建造堆肥加工厂，孩子们开心极了。能得到园长妈妈的肯

教师在与幼儿互动的过程中，一定会出现各种问题和不确定因素。教师需要及时对自己和幼儿的互动行为进行反思。从互动过程带给幼儿的影响出发，去推断自己行为的适宜性和合理性。在寻找合适的堆肥地点时，老师退位后，给幼儿主动探究的机会，当幼儿遇到不确定的问题时，引导幼儿，并耐心等待幼儿调动已有经验解决问题。在给园长妈妈写信的过程中，孩子们用符号记录的方式进行愿望表达，发展着前书写的能力。

定和支持，他们觉得很幸福、很温暖。通过和园长妈妈的互动，孩子们也知道了，可以用书信的方式和别人沟通、表达自己的想法，更提升了孩子们建造堆肥加工厂的积极性。（如图18、图19所示）

图17　阅读回信内容

图18　园长妈妈的回信1

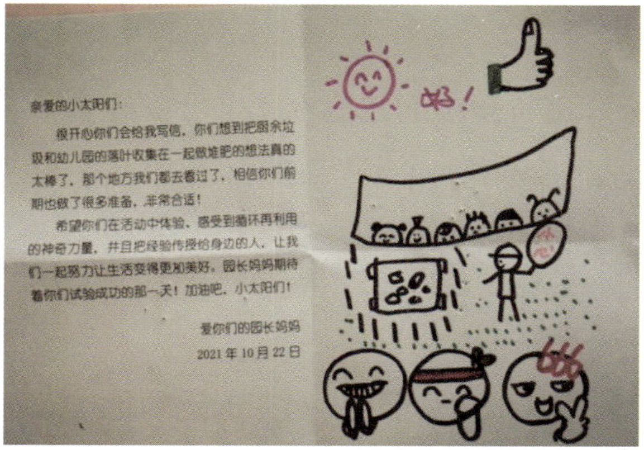

亲爱的小太阳们：

很开心你们会给我写信，你们想到把厨余垃圾和幼儿园的落叶收集在一起做堆肥的想法真的太棒了，那个地方我们都去看过了，相信你们前期也做了很多准备，非常合适！

希望你们在活动中体验、感受到循环再利用的神奇力量，并且把经验传授给身边的人，让我们一起努力让生活变得更加美好。园长妈妈期待着你们试验成功的那一天！加油吧，小太阳们！

爱你们的园长妈妈

2021年10月22日

图19　园长妈妈的回信2

## （四）怎么建造堆肥工厂

得到园长妈妈的支持后，孩子们开始按照之前制订好的堆肥计划，商量准备堆肥材料。

准准：首先要堆肥箱和一些铲子。

小睿：还有手套和小菜板。可以把收集到的垃圾分小。

经过讨论后，孩子们填写了“堆肥材料调查表”，按照表格上的材料和老师一起收集。（如图20所示）有些孩子寻找食堂叔叔的帮助，找到了箱子；有些孩子从家里带来铲子等工具；也有些孩子在老师的帮助下购买了手套……（如图21所示）

图20　堆肥材料调查表

图21　收集材料

✏ 作为教师，启发、支持和引导幼儿主动探究和发现，让孩子获得有利的经验。为他们创造条件，支持孩子持续深度学习，让他们参加实际探究活动，用不同的方式感受科学探究的过程和方法，体验发现的乐趣。

孩子们精心地装扮着堆肥工厂，还插上了自己在木工区制作的标志牌，堆肥工厂终于建造好了。（如图22、图23所示）

图22　制作标志牌

图23　堆肥工厂建造好了

## （五）堆肥工厂可以去玩吗

堆肥工厂建造好后，我接到了园长妈妈的电话。园长妈妈告诉我，孩子们建造的堆肥工厂非常棒，可是有小班的老师反映，小朋友在玩丛林探险时，老是把那里当作娃娃家。她指出，这也是一个很好的教育契机。

我思考后，在一次区域活动中，有意识地带领孩子们来到了丛林探险处。这时，弟弟妹妹们正在用我们的箱子办家家，还拿出我们的铲子来铲土玩。孩子们着急地说："不能玩不能玩""弟弟妹妹，这里不是娃娃家"。孩子们快速整理好了我们的堆肥工厂，垂头丧气地回了教室。

冉冉：弟弟妹妹他们把我们的堆肥工厂当成了娃娃家。

准准：是呀，把我们的工厂都弄乱了。

小睿：刚才，告诉他们是堆肥的，他们听不懂。

"堆肥工厂可以去玩吗？"我带着问题和孩子们进行了再一次的讨论。（如图24所示）

准准：当然不能玩，肥料需要一段时间才能好，随意打开就失败了。

孩子通过协作、商量的形式实践，并将堆肥工厂设计图纸记录了下来，设计图纸的过程也是孩子思维表达的过程，在幼儿间思维碰撞的过程中完善设计图的记录，培养孩子表现表达、合作协商和创造性思维的发展。

果果：不能玩，那是我们的堆肥小实验。

我：弟弟妹妹为什么会玩我们的工厂？

小睿：他们不知道那里是我们堆肥的地方。

笑笑：可能，他们进去玩丛林探险，以为那里是丛林探险的材料吧！

我：怎么会出现这样的情况呢？

朵朵：可能我们要换个地方，那里人太多了。

雨雨：我也这么认为。

图24　幼儿集体讨论

园长妈妈在活动中一直给予孩子不断的鼓励和尊重，尊重他们的选址，从儿童立场出发，让每一个孩子都充满活力地按照自己的方式进行活动，让他们充满自信且不断尝试。选址活动，源于孩子们的真实活动场景，当园长和老师预见到冲突时，作为成人应该给孩子试错的权利，从而鼓励孩子形成探究的心理氛围。教师让孩子到现场发现“弟弟妹妹玩耍堆肥材料”这种形式，让孩子更加直观地发现问题。教师关注教育实践中的“幼儿立场”，让教师成为孩子心灵的观察者与解读人。“认可——倾听——协助”的阶梯式支持策略，能够帮助教师有效支持孩子的充分表达，

## （六）二次选址去哪里

孩子们都决定要再次选址，结合第一次的场地冲突，他们制订了更加科学的选址指南。

培培：堆肥工厂在丛林探险场地里，人太多了。

娇娇：对，我们要选一个单独的地方，里面没有其他的游戏。

稀饭：对，还要和以前的地方一样，不能淋雨、有风、有阳光。

孩子们参照制订的指南（如图25所示），进行了二次选址。经过对比，确定了两处位置备选：海星班教室外、蜜桃班寝室门口。（如图26、图27所示）

稀饭：我觉得这两个地方都有可以遮雨的地方，小朋友在那里也没有活动，不影响我们堆肥。

果果：海星班教室门口不行，那里有时候垃圾车要经过，我们去观察不方便。

最终协助孩子发展出主动自信的积极生命状态。而孩子在这过程中发现问题、解决问题、分析问题、做出决定，为二次选址活动做好了铺垫。选址活动不是孩子学习的终点，而是他们在实践过程中不断解决问题的过程。

图25　选址指南

图26　海星班教室外

图27　蜜桃班寝室门口

孩子们自主讨论着，参照选址指南，认真地做着对比，最后确定了堆肥工厂的位置，并重新布置起来。（如图28、图29所示）还用海报的形式给弟弟妹妹进行了工厂的宣传。（如图30、图31所示）

图28　重新布置堆肥工厂

图29　重新布置堆肥工厂

二次选址活动中一系列的问题和挑战，让孩子们在真实亲历的生活中不断学习、深入探索。作为活动的支持者，园长妈妈及老师保护幼儿的好奇心，积极鼓励幼儿探究、发现，培养解决问题的能力，在探究的过程中，通过试错来构建正确的经验。在调整后，孩子们有了更加丰富的经验，提升了他们对活动的兴趣，孩子们的责任心、爱心、耐心、发现问题解决问题的能力也在逐渐增强。

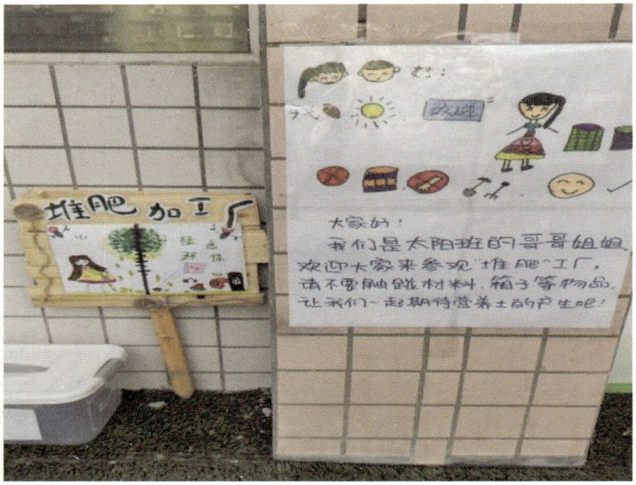


图30　堆肥工厂宣传画报1

图31　堆肥工厂宣传画报2

# 故事四：开始堆肥啦

## （一）选哪种材料

选好了堆肥地点，大家便开始堆肥了。孩子们讨论着可以用来堆肥的材料。

朵朵：我们用厨余垃圾堆肥，水果皮、鸡蛋壳，我们每天都要吃的，可以收集起来。

果果：对，可以去食堂问阿姨要一些。

雨雨：落叶也可以，这个季节有很多。

…………

孩子们热烈地讨论着。（如图32所示）

图32　讨论堆肥材料

就在这时，邦邦说道："光靠我们自己收集材料会很少，我们除了可以去食堂要，还可以请其他班级收集吧！"

稀饭：我觉得可以，这样我们可以收集得更快。

笑笑：要不请幼儿园的小朋友一起收集吧，这样我们就有很多的厨余垃圾。

邦邦：我觉得，我们去请所有大班的哥哥姐姐来收集吧，弟弟妹妹不懂，而且他们不会分类收集，拿下来我们不好分类，这样我们很难弄好。

满满：我同意邦邦的看法，就请哥哥姐姐们收集。

于是，孩子们准备发动所有大班孩子的力量一起收集厨余垃圾。经过讨论，他们分组合作，制作材料收集的海报，积极性很高（如图33、图34所示），调动了每个孩子，发挥了各自的特长。（如图35、图36所示）

图33　幼儿相互商量

“落叶归根”是中国传统文化中最普遍的一种文化观念，在当下看来，更是一种环保理念。将果皮、树叶的能量发挥到最大，体会资源是可以重复利用的，生命是循环往复、生生不息的。相信孩子们通过这次堆肥活动，会更加的喜欢自然，乐于探索，同时初步感受中国传统文化中“落叶归根”的精神。

图34　分组合作制作海报

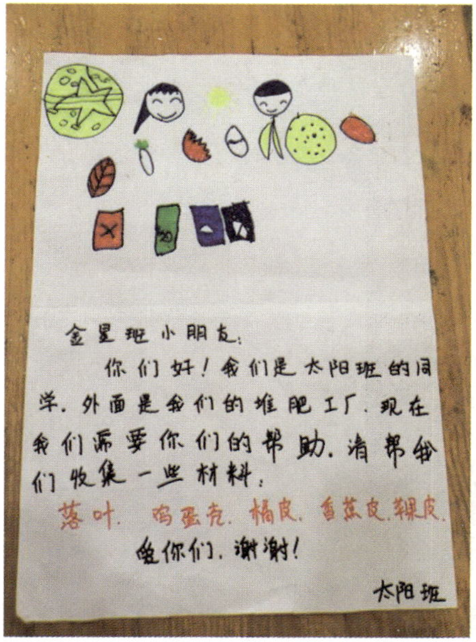


图35　完成的材料收集宣传海报1

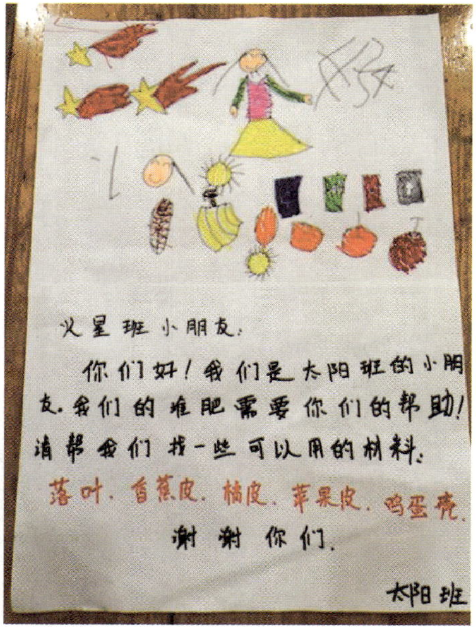


图36　完成的材料收集宣传海报2

## （二）怎么堆肥呢

### 1. 材料切切切

孩子们分组进行了材料的收集，还将收集到的物品记录到了表格中。（如图37、图38所示）

图37　收集材料并记录1

图38　收集材料并记录2

在整个探究过程中，孩子积极思考收集什么材料、如何收集材料、如何向大家宣讲……并且通过分工合作，将自己的想法和观点画了下来，把他们的已有经验和现实问题进行了结合，解决了问题，凸显了他们主动、自信的学习过程。

通过前期对堆肥科普视频的学习，孩子们了解到，需要把水果皮弄小一点，这样能更好地发酵。

于是我们开始分组剪水果皮，然后把它们装进桶里。（如图39、图40所示）

图39　剪水果皮1

图40　剪水果皮2

## 2. 制作肥料

孩子们尝试把已经分好的落叶、香蕉皮、苹果皮等按照三明治堆肥法装进之前收集到的堆肥桶里，一层果皮一层土、一层蔬菜一层土、一层蛋壳一层土。再加上堆肥小助手——EM菌。EM菌是一种混合的有益菌类，能够促进有机物的分解，加快物质的降解和肥料的形成。就这样，肥料做好了。孩子们欢呼雀跃："我们的肥料做好了！""我们真是太厉害啦！"言语间透露着自豪和满满的成就感。（如图41所示）

图41　肥料做好了

在剪果皮的活动中，孩子们积极讨论、分工合作，创建项目小组。一些小朋友还主动说服其他小朋友参与到自己的小组中。在这个活动中，老师尊重幼儿个体发展需要，给予幼儿主动解决问题的机会，幼儿也通过幼幼间的互动、交往、合作、影响，建构和丰富着自己的经验。

孩子们在自然生活中观察探究、亲身体验和实践操作，了解了让厨余垃圾“变废为宝”的方法，体会了资源的重复利用，影响和带动了身边的人爱护环境，把环保的种子种进了每个人的心田。对于孩子来说，这才是这个冬天最美的体验。

## （三）为什么肥宝宝没有变化

孩子们每天都要去观察他们的肥料，肥料已经堆上好几天啦，可是一点变化也没有，这可把孩子们急坏了。

雨雨：为什么肥宝宝没有变化呢？

豆豆：是不是我们的方法没有用对呢？

孩子们一起复盘整个制作过程，推测导致失败的原因。

冉冉：我想可能是因为太冷了，我们都穿着羽绒服，肥宝宝喜欢热。

准准：对，是因为最近天气不好，所以我们的肥料没有发酵。

培培：温度也会影响堆肥的成功呢。

小睿：那我们把堆肥箱拿到太阳下晒吧。

准准：现在是冬天，根本没有太阳啊。

我：肥宝宝喜欢热，那我们怎么给我们的肥料保暖呢？

豆豆：我们把他放炉子上烧热。

准准：不行，会把箱子烧坏的。

丫丫：放在空调房间里。

瑾而：要不我们用保鲜膜把堆肥箱包起来吧，我看厨房叔叔送饭的时候就是这样保温的，还盖了盖子。我们给肥料用这个盖起来，保温。

罗罗：对！我们给肥料穿个衣服吧。我建议用黑色垃圾袋，把肥料堆在那个里面保温，黑色是吸热的。

孩子们纷纷赞同罗罗的说法。一开始，孩子们用塑料箱当堆肥箱，把收集到的垃圾和泥土一层一层码好，可是现在发现由于温度达不到要求，里面的材料都没有腐烂，于是他们将黑色垃圾袋垫在箱子里给肥料保温，重新制作一遍。（如图42、图43、图44所示）

图42　套黑色袋子保温

幼儿的问题常伴随着活动的进行而产生。孩子们通过观察，发现问题；通过调用经验，解决问题。在这个过程中，孩子们学会了在遇到问题的时候，积极地寻找解决的方法，而作为教师的我们，要相信孩子，解读分析孩子们面临的困难，有时需要给孩子独立尝试的机会，有时需要对儿童的生活经验进行丰富和积累，有时需要提供材料、环境的支持和影响。

图 43　套黑色袋子保温

图 44　套黑色袋子保温

## （四）难闻的气味

距离堆肥已经过去1个多月了，我们打算打开堆肥箱，看看过了这么久，发生了哪些变化。孩子们非常兴奋，迫不及待地想要去观察。刚一打开堆肥箱，一股刺鼻的酒糟味混着垃圾的腐烂味扑鼻而来，孩子们都不由自主地捂住了鼻子。（如图45、图46所示）

图45 有难闻的气味1

《3-6岁儿童学习与发展指南》提出，科学教育的核心是“激发探究兴趣，体验探究过程”。强调幼儿的自主探究与体验，要求掌握探索的方法，不断提高幼儿解决问题的能力。小朋友们开始对于“堆肥”是陌生的，但是在家长和老师的支持与引导下，他们进行了学习和体验，掌握了堆肥的基本步骤，收获了新的知识，对垃圾分类、废物利用有了更深的认识。相信通过孩子们直接感知、亲身体验、实际操作堆肥活动后，会更加懂得保护环境、爱护自然的重要性，也会在今后的学习生活中乐于探索、热爱生活。

图46 有难闻的气味2

孩子们仔细观察，讨论着，记录着：水果皮变黑了、泥土颜色变深了、土变少了……孩子们兴奋地与朋友交流着自己观察到的现象。

准准：老师，这难闻的气味怎么记录啊？打开盖子好臭啊。

准准问了我一个很有意思的问题，一个连老师都忽略、也回答不上的问题。于是，我想听听孩子们对“怎么记录味道”这件事的看法......

我：你们闻到了什么味道？

果果：我闻到了臭臭的味道、垃圾的味道，还有点酸酸的。

我：臭臭的，那我们有没有什么方法能把这些难闻的味道记录在纸上呢？

豆豆：我们可以画下来，“臭”怎么来表达呢？

见孩子们犯了难，我进一步问道："生活中哪些东西有臭味，都是什么样子的呢？"

罗罗：我吃过臭豆腐，有的水是臭的，就酸酸的。

稀饭：我们的粑粑也是臭臭的。

我：嗯，很好！你们说了一些生活中臭臭的东西。那我们可不可以用什么特别的符号来表达这个臭味呢？

豆豆：我们可以画一个堆肥箱在冒烟，代表它是有味道的。我在图书上看见过，粑粑就是上面冒烟，表示有味道。我们也给堆肥箱画上烟，每天观察它，如果味道比昨天臭，我们的烟就画大点。

我鼓励孩子们将这个想法绘画下来。（如图47、图48所示）

图47　记录有味道的堆肥1

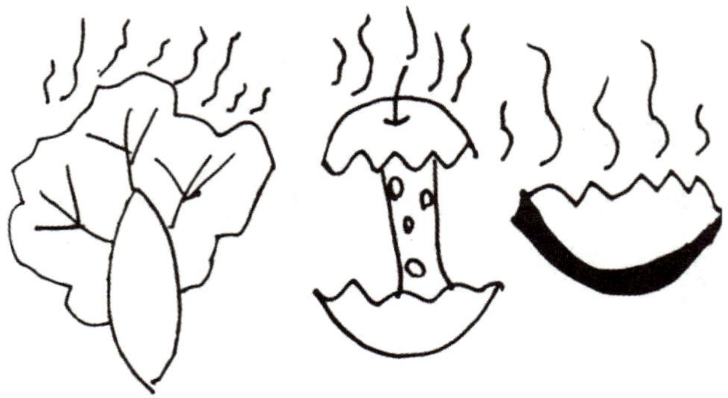

图48　记录有味道的堆肥2

我为豆豆的想法而赞叹，他不仅想到了怎样来表达臭味，还用烟多烟少来表达味道的浓烈程度。但是，我想听到孩子们更多个性化的表达，于是又说道："豆豆想到了很特别、很棒的方法来记录味道，那还有没有其他的方法来表达呢？"

孩子们陷入了沉思。

我启发道："比如，当我们闻到堆肥那个味道，是什么感受呢？"

依依：不好闻，不喜欢。心情是不开心的。

我：那我们用什么方式记录我们的心情呢？

阳阳：我们用哭、笑来表达我们的不高兴和高兴。

我：小朋友说得很好。我们也来试试用这样的方式记录吧。（如图49、图50所示）

图49　用心情表达记录1

图50　用心情表达记录2

孩子们用自己的方式记录着，这时有小朋友又有了新的提议。

满满：我们回去绘制一个表格，如果没有味道就是高兴的笑脸，如果小娃不高兴就说明闻到了臭味，小娃娃哭了就说明就更臭了……

孩子们达成了共识，就用娃娃表情图记录气味。

我：如何制作记录表呢？

邦邦：像我们的“植物观察记录表”一样，写上观察的时间和我们的名字。

果果：还可以加上我们当天观察的天气，下雨的时候也可以去看看。

皮皮：臭味是我们鼻子闻到的，我们就画一个鼻子表示闻到的味道吧。

邦邦：那画个眼睛就代表我们看到的垃圾腐烂程度，这样一目了然。

回到教室，孩子积极地制作自己的观察记录表，期待孩子下次的再观察。（如图51所示）

✏ 用符号标记味道的变化，是活动过程中的难点。教师支持孩子们自己去发现问题、尝试解决问题，通过和同伴反复讨论，在老师的启发、引导下和同伴一起解决问题,在过程中商量思考、沟通交流。教师积极引导他们发现和解决困难，鼓励孩子主动思考，通过不断的尝试解决问题并在活动中观察他们的表现，在操作的过程中不断提高孩子解决问题的能力，也让我们看到了孩子们的精彩时刻，他们是有能力、有自信的学习者和沟通者。孩子享受到的成就感，会内化为探索的动力。

图 51　观察记录表

## （五）肥料肥料快快好

每天小朋友都会去堆肥工厂观察肥料的变化。过了一周，小朋友们聚在肥料前。

准准：我看见肥料箱里的苹果皮起皱了。不知道还要等多久我们的肥料才能做好啊！

笑笑：小草都长高了，我们还在等。

朵朵：小树也发芽了，我们还在等。

……

听到他们的对话，感受到孩子们迫切的心情。于是，我拿手机记录了他们的精彩对话，回到教室，放给小朋友看，小朋友们都争先恐后用自己的语言表达着自己的心情。（如图52所示）

图52　观看视频

我：你们说得真好，把每一个好听的句子连起来，就像一首好听的儿歌。我们一起来试一试吧。（如图53、图54所示）

小朋友们十分激动，争先恐后地说“我要试!”“我也要试!”

图53　创编儿歌1

图54　创编儿歌2

于是，老师和孩子们一起创编了这首儿歌。

## 堆肥歌

小草长高了，我们一起等。
小树发芽了，我们一起等。
小羊咩咩叫，我们一起等。
小鸟飞来了，我们一起等。
我们唱着歌，肥宝宝变啦。

堆肥活动仍在继续，孩子们都期盼着肥料成功了，用肥料去东客岛施肥，帮助植物生长，我们也期盼着堆肥成功后，孩子们的施肥探究……

堆肥活动来源于孩子们的生活，他们在活动中体验、探索、分享快乐，在观察力、想象力、创造力等方面也得到了提升。堆肥对于幼儿来说是深刻、生动的体验，我们从身边小事做起，相信孩子们今天获得的一点一滴的环保知识和意识，便是未来地球更多的绿色与和谐。

老师捕捉到儿童在活动中流露的真情实感，鼓励儿童用语言、动作等多种方式来表达，让自己的情感得到抒发，从而调节情绪，获得愉悦，继续等待，提升幼儿表达、表现的能力。

# 后 记

## （一）和谐氛围，激发幼儿主动学习

教育环境是幼儿生活环境中一切影响其发展的外部条件和谐的精神环境有利于幼儿建立安全感，利于调动幼儿活动的积极性。在堆肥活动中，我们创设宽松、和谐的谈话氛围，让幼儿在活动中想说、敢说、自由说；建立平等的师幼、幼幼活动权利，让幼儿自由自主地探究，分享成果；活动中，逐渐形成了良好的师幼互动、幼幼互动关系，幼儿在和谐的氛围中，得到了快乐、安全的体验和探究。

## （二）梯度搭建，助力幼儿深度学习

孩子是积极主动的学习者，促进他们学习与发展最重要的是为孩子创造条件和机会，注重激发和保护孩子的求知欲和学习兴趣，调动他们学习的积极性和主动性，鼓励、支持和引导孩子去主动探究和学习。通过“果实长大不、叶子黄黄的”这一问题，孩子经过亲身体验、遇到问题、开始试验等活动，激发他们强烈的探究欲望，体验探究的乐趣，培养孩子跨学科的思维。孩子在堆肥活动中，明白了大自然中循环的规律，增强他们环境保护的意识；同时在亲身、体验、实际操作中，亲历了堆肥全过程，在一次次发现问题——分析问题——解决问题的过程中，经历了学习与发展。

### （三）家园合作，支持幼儿多元学习

幼儿教育离不开社会这个大环境，社会资源整合更有利于孩子学习。幼儿园与家长建立有效的沟通渠道，丰富和拓展教育资源，共同支持孩子的学习与发展。在收集资料、亲子查阅等活动中，幼儿园改变了家长的教育观念，引导家长放手让孩子去做，增强孩子们主动学习的积极性，让孩子们获得了肯定的自我评价，同时增进了亲子间感情、提升了家园合作的有效性。同时，家长也和孩子共同养成了垃圾分类、资源利用的习惯，而且在活动中，也让他们看到了孩子们的自信、能动，家长们也为有一个高素养、有环保意识和变废为宝的巧手孩子而感到自豪。

# 幼儿探究的世界

## ——“双生园本”特色课程设计

《幼儿探究的世界》编委会　编著

毕业礼物
“小狮子”

电子科技大学出版社
University of Electronic Science and Technology of China Press
·成都·

# 编 委 会

# 目　录

# 故事缘由

# 毕业礼物“小狮子”

感恩自古以来就是中华民族的传统美德。幼儿园是培养孩子感恩教育最好的启蒙阶段。从孩子们的对话中，我们发现了孩子们的需求，也敏感地捕捉到了孩子们的情感：他们懂得感恩，他们想要感恩。他们将要离开生活了四年的地方，他们需要倾诉，需要一个机会表达对幼儿园的不舍与感谢。于是，我们的策略就是支持孩子，给他们机会表达，让他们心中这颗懂得感恩的种子生根发芽。

2020年疫情突然暴发，一段时间内孩子们只能居家生活。每次的线上交流，孩子们都流露出盼望着开学，盼望着和小伙伴们一起生活、学习、做游戏的愿望。六月终于可以回到美丽快乐的东幼了，虽然只有短暂的一个月时间，但孩子们很快地沉浸在毕业系列活动中。一个下午，大家欢快地唱着毕业歌，突然瑞瑞说：“我好舍不得幼儿园。”这句话让欢乐的气氛一下子消失了，其他小朋友也争先恐后地说“不想毕业”“我不想离开幼儿园”……空气里弥漫着浓浓的伤感。突然，琪琪小朋友提议：“我们给幼儿园送一个礼物吧，我姐姐离开我家的时候，给我送了一个礼物。”听到这，大家都欢呼雀跃，纷纷表示赞同，激动地讨论起来，到底给幼儿园送什么礼物呢？于是，我们的活动就开始啦……

# 故事一：再见，幼儿园

## （一）送什么礼物

孩子们展开了激烈的讨论（如图1所示）。

图1　讨论送什么礼物

溜溜：我想送照片。

霏霏：我想送恐龙书，让弟弟妹妹也喜欢恐龙。

萱萱：我想送给幼儿园一颗大树，把幼儿园变得更美。

琪琪：上次母亲节的时候，我给妈妈制作了一个卡片，妈妈收到了很高兴。这次我也想做一个卡片送给幼儿园。

其他小朋友对制作礼物也非常感兴趣，纷纷说道：我要做一个花环、做一个长长的项链……于是，我说："那我们全班可以一起制作一个礼物送给幼儿园吗？"小朋友们对这个提议纷纷表示同意。"制作什么样的礼物好呢？"我继续追问。嵩嵩说："那我们可以拼一个超级大的乐高模型。"听到这，全班小朋友都惊讶地看着嵩嵩，我也很惊讶。

天天：我们没有那么多乐高啊。

我：那你们除了乐高模型，还见过什么样的模型？

可可：太古里有可以照相的模型。

嵩嵩：游乐园门口的石头模型。

骁骁：我在动物园看到过用石头做的动物。

孩子们的记忆像瞬间被唤醒，七嘴八舌地说着他们平时和爸爸妈妈一起外出时看到的模型，讨论的声音也越来越大……

我：你们说的这些摆在大街上的、各式各样的好看的模型，可以叫模型，也可以叫作雕像。

治明：我在天府广场看到过毛主席的雕像，很大，我还照过相。

琪琪：就是就是，我也看过毛主席的雕像，那我们也可以给幼儿园送个雕像。

霏霏：以后我们也可以回来拍照。

### （二）什么样的雕像

孩子们确定好送雕像后，又开始了新的思考与讨论。

孩子的回答来自于他们的生活经验。在以往的节日当中，他们收到了很多的礼物。在三八妇女节、母亲节、教师节等节日中，也亲手制作过礼物。他们亲身的经历、愉悦的体验，在这一刻汇集在一起发生了碰撞，孩子们的经验也由此拓展。

有想送爱心——因为大家都爱幼儿园、有想送代表幼儿园的字母缩写（DTS）、有说送星星——因为我们是星星班、还有说送代表我们成都的熊猫，这些都是小朋友觉得很有意义的礼物。这个时候溜溜跑到我面前小声地说："老师，我们可以送个狮子。""为什么是狮子？"我好奇地问孩子。溜溜说："因为妈妈对我说过，我们幼儿园在狮子巷，我们可以做一个狮子雕像，送给幼儿园。"我请溜溜大声地告诉了小朋友们他的想法。听了这个主意，其他小朋友都很激动。他们觉得狮子很厉害，可以保护幼儿园，保护弟弟妹妹。（如图2所示）

图2　给礼物投票

在前期的讨论过程中，作为老师，我们将话语权、选择权交给孩子，尽量让他们在充满爱与自由的氛围中，充分表达自己独特的想法，你一言我一语地和同伴进行讨论。在这个过程中，孩子们结合自己日常的生活经验和平时接触了解到的知识进行思考，又把自己的经验运用到实际生活中。孩子们通过对答案的层层筛选，选出一个大家都喜欢的又蕴含意义的礼物，来表达对幼儿园的喜爱。

# 故事二：你好，小狮子

## （一）做什么样的狮子

大家回家和爸爸妈妈观察了小狮子的形态，一起查阅了和狮子相关的资料，决定给幼儿园设计一个独一无二的专属狮子。

睿睿：我家就有个狮子玩具，毛茸茸的。（如图3所示）

琪琪：我在电视上看到狮子妈妈在照顾它的小狮子，就像我的妈妈照顾我一样！

阳阳：我找到了狮子雕像，放在门口的，我还照了相。（如图4所示）

图3　我和狮子玩具

图4　生活中所见的石狮子

点点：我想送一个笑眯眯的狮子，就像我们在幼儿园开心快乐的样子。

琪琪：应该是凶的，这样坏人就不敢来幼儿园了。

阳阳：送一个躺在幼儿园草地上晒太阳的狮子。

我："哇！你们都说得很好，那我们赶紧把它画下来吧！"

孩子们兴高采烈地一边给同伴介绍自己的想法一边画着。（如图5、图6所示）

图5　绘画狮子设计图

我们在确定了孩子们要做一个狮子雕像送给幼儿园之后，也开始了思考和学习。引导孩子们通过多种方式和多元渠道去了解狮子的形象，为后续的制作做铺垫。设计狮子不是简单的绘画，这其中不仅涉及想象创意，还有他们对狮子的体型、神态和动作的细致观察。有的小朋友画的是正视图，有的小朋友画的是侧视图，有的小朋友还画出了狮子身体的遮挡关系，在自由自主绘画中空间、方位等技能也得以发展，同时，孩子的自主计划能力也同步提升。

图6　绘画狮子设计图

孩子们的设计图全部都出来啦！看着小朋友们设计的狮子一个个形态各异，用谁的好呀？在孩子们的提议下，我们又开展了设计图竞选活动。(如图7所示)

图7　狮子设计图竞选

凡凡：我的好！我画的是一只站着的狮子，它正在门口给小朋友打招呼。

玥玥：我画的是正在巡逻的狮子，它可以抓坏人，你们一定要投给我哦。

孩子们大方地向同伴介绍他们的设计，条理清晰地说着他喜欢的理由，又是拉票又是投票，场面真是太热闹啦！凡凡的设计图票数最多，是一只站着的、在打招呼的狮子。玥玥嘟着嘴说："这只狮子没有笑眯眯地打招呼，看起来就很凶，会吓到弟弟妹妹。"鹏鹏说："我们就把它的嘴巴改成弯的。"就这样，经过孩子们的集思广益，一个改良版的狮子设计图就出来了。（如图8所示）

图8　经过投票、修改后的设计图

著名心理学家艾里克森提出："促进幼儿的自主性与主动性的发展是早期教育的基本任务。"《3—6岁儿童学习与发展指南》指出：提供有利于幼儿自我管理的条件、机会。通过竞选，不仅发展了孩子们的语言表达能力，培养了他们的反思评价能力，也助力了孩子的自我管理、自主能力的发展。一些平时不善于表达的孩子，他们想自己设计的小狮子被选上时，那股认真和自信的劲，作为老师真为他们感到骄傲。看到孩子们和狮子的微笑，我们心里也甜甜的，孩子们想送一个笑眯眯的狮子给幼儿园，这是一个美好的愿望。同时，我们也期望这个由孩子们用心勾勒出的狮子，能陪伴他们度过最后的幼儿园时光。

看着孩子们对日常材料的创造性使用，我心里有些小小的激动，仿佛小朋友口中说的小狮子已经在眼前。在寻找材料的过程中，不仅丰富了孩子们对生活中材料的创造性使用方法，也增强了孩子与家长的互动，家长的积极配合与支持直接或间接地增加了孩子们建构狮子身体各部位的经验。只有底部重的狮子才能站得稳的经验，孩子在直接感知和实际操作中获得，这样的经验将影响终身。

## （二）用什么材料做狮子

确定好狮子形象后，大家就回去根据小狮子的身形找材料。第二天，孩子们就带来了各种材料，还一个劲儿地向我介绍。（如图9所示）

“老师，我带了报纸，可以裹成一个大球当狮子的脑袋。”

“老师，老师，我带了塑料瓶可以做身体。”

其中骁骁带来的东西引起了我的注意，他带的塑料瓶里装满了小石头。（如图10所示）我很疑惑，问道：“你带的瓶子为什么装满了石头？”骁骁说：“爸爸说在矿泉水瓶里装上了石头，这样狮子的脚才站得稳，不会倒。”于是，我请骁骁及时地介绍了经验。

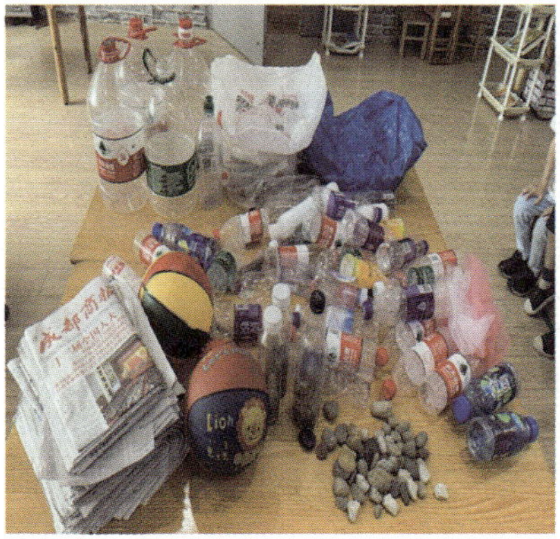

图9　收集生活中的材料制作狮子

图10　瓶子里装满小石头

# 故事三：小狮子诞生

孩子是有能力的学习者。操作活动的开展少不了材料和工具的支持，这是孩子操作实践的对象和手段，是孩子学习和发展的媒介，也是教育的载体。所以，在这里我们也大胆放手让他们自己去思考怎样利用材料实现目的，孩子才能在实践中进行自我经验的建构。而当孩子力所不及时，我们可以适当引导他们思考。

## （一）狮子的头、身、脚

制作狮子是一个复杂且具有挑战性的活动，是引导孩子们学会合作和分工的良好契机。“我们可以怎样又快又好地完成制作狮子的计划呢？”我提出问题。孩子们经过讨论，将狮子的结构分为头、身体和四肢，分别由三个项目组完成。于是，大家自由结伴，开始“施工”。

这边，狮子头组热火朝天地干了起来。先用一个皮球作头部，不过很快发现一个皮球小了点，于是他们用三个球拼在一起。两个孩子拿着透明胶，先把其中两个球粘好，看着两个球粘好了又加一个球，弄好后他们看着有点像三角形的“头”（如图11所示），嘀咕道：“一点都不圆，还有点小。”我提议道：“要不去材料区看看还有什么材料可以用。”于是，孩子们跑去材料区，瑞瑞惊喜地发现报纸：“我们可以用报纸！捏成小球，粘在皮球上。”就这样，孩子们有的捏纸球、有的填补缝隙，大家分工合作，不一会儿本来的三角形脑袋就变得又大又圆了！

图11　三个皮球做成的狮子头

那边，身体组如火如荼地干着，孩子们商量用大塑料瓶拼接做身体。他们把塑料瓶两个两个拼接，再用透明胶把他们缠在一起，一段时间后，一个小小的狮身便完成了。（如图12所示）于是，我走过去说："你们和狮头组试一试，看能不能拼上。"他们急忙兴高采烈地抬着狮子的身体去找狮子头组的小朋友，发现狮子的身体和头差不多大，看起来有点不合适。

宇宇：我觉得狮子头有点大了。

妞妞：我们把身体要做大一点，这样才像狮子。

教师的持续关注与及时介入提醒是孩子活动深入推进的关键。当孩子只注意到了小组内的合作，而忽略了小组与小组之间也需要合作的问题时，教师可以适当提醒。这样他们不仅学会了分工合作，还知道根据实际情况进行思考与调整，不断优化，考虑问题也更加周密细致。这也反映出孩子们自主运用经验、拓展经验、分享经验的能力在逐步提高。

宇宇：那我们就再把身体做大一点吧。

于是，身体组又去拿了几个塑料瓶拼接起来。就这样，孩子们经过了比较和调整，他们满意的狮子头和身体就做好啦。

图 12　塑料桶制作的狮子身体

另一边，四肢组也情绪高涨地干着，用装满了石头的矿泉水瓶做脚，工程基本完成。正当这时，身体组的孩子们直接把做好的身体抬到四肢组说：“你们要比着狮子身体的大小做，不然不合适。”正熙说：“我们做的狮子身体很大，你们的腿要粗一点才能站得稳。”四肢组的孩子们把矿泉水瓶放到身体处比了比。

骁骁：一个矿泉水瓶又细又短，不行。

玥玥：那我们就用两个吧！像他们一样粘起来。

孩子们用透明胶先两个瓶子两个瓶子地接在一起，可因为矿泉水瓶一头大一头小，在粘瓶口那头的时候怎么也对不准、接不好。于是他们又换了一种方法，把瓶子的瓶底和瓶底接在一起，粘好后比了比，瓶口那头太细了，根本站不稳。

乐乐：那我们就要找两头一样大的瓶子。

孩子们又到幼儿园各个角落寻找合适的材料，找到了积木、废旧椅子、木桩等等，认真地进行对比，发现木桩的大小非常适合狮子脚的大小。但是，木桩的底部不平整，容易倒，于是又邀请汤老师到木工坊一起进行了加工，平平的狮脚完成了，大小合适又稳固，真是太好啦！（如图13所示）

孩子们拥有了身体和头部大小要合适的经验，于是把这个经验及时迁移应用，告知其他组的小伙伴。生活中充满了科学，孩子们在不断地寻找合适材料的过程中，了解了大的、平的、一样高的材料才能稳定的道理，通过对比获得了大小、形状与空间、测量等科学知识、技能，增强了对科学的感知和情感态度。同时，孩子也在环境和材料的互动中不断体验愉悦感，感知科学在生活中的用处。

图13　木桩做的狮子脚

## （二）狮子雏形初见

孩子们在制作狮子的过程中，不断地遇到新的问题。狮子的脑袋和身体做好了，怎么连接呢？（如图14所示）

图14　尝试狮子头和身体的连接

点点：狮子头是皮球做的太重了，胶都粘不稳。

正熙：用绳子绑起来吧！

点点：绑不起来的，要掉下来。

琪琪：可以在狮子的头上支一根木棍，把头给撑起来。

为了支持孩子们的意见，我马上拿了一根木棍请琪琪来演示。只见几个孩子把狮子的身体抬到脚上放好，扶着身体，其他几个孩子抬着狮子的头挨着身体，琪琪拿了一根木棍放在狮子下巴的位置说："这样撑着它的头，就不会掉下来了。"

这时，凡凡说："看起来狮子像长了五只脚。"听到这话，其他小朋友都笑了。

宇宇说："可以像木工坊钉钉子一样啊。"于是我带着孩子们来到木工坊，让孩子们用木工坊的工具尝试。他们选好了钉子和锤子，宇宇拿着工具在头和身体的缝隙中比划了一下，想把它们两个钉在一起，但没敲进去，感觉无从下手的样子。涵涵说："我来，我来。"涵涵拿过钉子和锤子同样也在缝隙中比划，想钉进去，敲了两下不行，又换到头顶，想从最外面钉。这时候，宇宇说："从哪钉啊？

在某一特定问题发生时，让小组成员们一起思考解决问题的方法是非常有效的，因为问题解决的办法不是来自于老师，而是来自于孩子本身，这有助于孩子的自我建构。而从建构主义的观点看，孩子是天生的科学家，只要给他们机会，他们就会参与到他们自己的实践和问题解决过程中。

孩子认知建构的过程是在发现问题、解决问题的过程中，在一遍又一遍地试错中，找寻方法、认识事物本身以及规律，孩子只有经历这样的过程才能建构新经验。所以，作为老师，我们即使知道这些方法不行，也鼓励孩子去尝试、去验证，给他们创造机会和平台去探究。同时，我们也在学习，也在等待和发现孩子们下一步学习的线索。

感觉钉子短了，可没有那么长的钉子吧。”这个方法也失败了，感觉小朋友们泄了气。子骞站起来说：“我知道了，我们可以用一根木棒连接，木棒的一端连着脑袋，另外一端连身体。”于是，子骞拿了一根棍子，在狮子头的表面轻轻插了进去，木棍的另一头插进狮子身体的边缘处。子骞得意地说：“看！这样不就行了，不会倒也不会掉。”看着狮子头和身体被一根棍子稳稳地串在了一起，孩子们欢呼雀跃。（如图15所示）

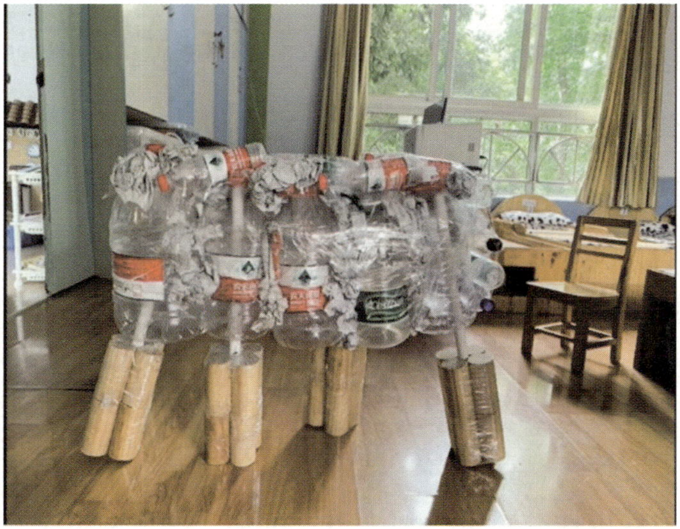

图15　棍子连接头和脚更稳固

## （三）星星班的小狮子诞生了！

小狮子的头、身体和脚都连接好后，小狮子的整体框架就出来了。孩子们发现小狮子和前期他们了解到的狮子有差别，狮子光秃秃的，一点也不好看，怎么办？我及时抓住这一点，引导解决问题，大家一致认为是狮子身上没有毛茸茸的皮毛。

于是，孩子们又给小狮子收集毛毛布料，有的带来毛衣，有的带来大衣上的毛领，有的带来毛毯……（如图16所示）孩子们根据狮子的毛发和颜色的特征，一起动手给小狮子穿上漂亮的衣服（如图17所示）。小狮子真正完成之后，我提出了疑问："你们毕业离开后，弟弟妹妹知道是谁做的吗？"

于是，孩子们提出要做一个星星班专属的牌子，并为小狮子制作专属铭牌（如图18所示）。直到为小狮子挂上铭牌的那一刻，孩子们送给幼儿园的毕业礼物才算正式完成！

为孩子提供书写工具及内容，即使孩子不会写，也可以先模仿书写。发展孩子前书写的技能，孩子们通过这种方式向外界表达自己的意图——给小狮子一个家，它是属于我们星星班的同时也让孩子们的内心有归属感。孩子们合作制作狮子的行为让我感受到：社会交往能促进儿童的知识建构，能向孩子呈现多种观念和想法，还能协调自己与他人的想法。孩子合作解决问题，能够让他们在彼此聆听中受到启发，在他人观点的基础上形成自己的想法，这都是非常重要的学习过程。

图16　收集家里的毛毛布料

图17　选择和狮子毛相似的毛毯

图18　模仿书写铭牌

# 故事四：再见，小狮子

孩子们在思考小狮子放置的地方时，他们的主动性得到充分的发挥，也能够更加全面地考虑问题与分析问题：不要小狮子遭受风吹雨打，需要宽敞明亮的地方，让每一个来到幼儿园的人都能看到我们的小狮子！可见，孩子们不仅考虑到了小狮子的安全，还考虑到了小狮子的使命——替他们守护幼儿园。而我们需要做的就是支持孩子们的每一次讨论，帮助孩子们获得成就感。

### （一）小狮子放哪里？

随着最后一道“工序”的完成，雕塑小狮子做好了！孩子们一个个欢欣鼓舞，我紧接着提出问题：“小狮子做好了，你们要放在哪里，交给谁？”

玥玥：把它放到操场上去吧！

可可：不行不行，小狮子没有伞，下雨了会把它淋湿的。

凡凡：不如我们放到大门口去吧！小朋友和老师们每天都会经过大门口，这样就可以看见小狮子啦！

我带着孩子们到幼儿园“环游一周”进行实地考察，最后大家选择把小狮子放在大门口，我们便向幼儿园提出申请并获得顺利通过。

### （二）再见了，小狮子

孩子们提出，邀请园长妈妈来见证这场重要的交接仪式，告别小狮子，告别幼儿园，让它代替我们继续陪伴幼儿园的成长。大家积极地制作精美而有意义的邀请函，并用自己的方式完成了邀请函的内容（如图19所示）：

图19 自制邀请函

亲爱的园长妈妈：

星星班下午3点半在旗台举行小狮子捐赠仪式，欢迎您来参加。

我们的捐赠仪式在激动与不舍中开始了。孩子们亲手把小狮子护送到了园长妈妈面前（如图20所示），希望小狮子能替我们守护每一位老师和一届又一届的弟弟妹妹！园长妈妈接过小狮子，对即将毕业的星星班孩子们送出了祝福，并叮嘱孩子们“常回家看看”。（如图21、图22所示）就这样，孩子们与小狮子告别了……

图20　几个孩子护送小狮子

图21　园长妈妈的叮咛

图22　我们的全家福

孩子们在制作邀请函的过程中，用符号记录的方式进行愿望表达，发展着前书写的能力。在邀请园长妈妈参加捐赠仪式活动的环节，社会交往能力也得以提高，并且大大地提升了自豪感和小主人翁的意识。

在整个小狮子的制作过程中，孩子的建构经验不断丰富，主动意识、批判思维和高阶思维能力都得到了发展，他们能够针对不同方案进行分析，选择最佳位置。在活动过程中，材料的选择、活动的生发和推进都源于孩子的需求及兴趣。孩子们在制作小狮子时能够将新旧经验进行有机整合，运用适宜的材料和方法，创造性地解决制作过程中遇到的问题。另外，教师还通过与孩子们对话，充分肯定与支持孩子，为孩子营造了良好的探究氛围，搭建了学习平台，促进了孩子学习与发展。

# 后 记

相信孩子，他们是自信、能动的学习者。

孩子的主动探究和学习是从产生疑惑并想解决问题开始的。当听到孩子们想做狮子送给幼儿园时，我在欣慰和感动之余，内心也不免打鼓：这样一个大型的立体动物能成功吗？但是事实告诉我，孩子们不仅完成了，而且完成得很好。他们的精彩学习几乎都发生在解决问题的过程中。只有真实的问题才能激发幼儿的好奇心和学习潜力。所以，不要怕面临问题，相信孩子是自信、能动的学习者，将机会交给孩子，激发孩子主动思考，促使他们获得更加有效的学习与发展机会。

与孩子在一起，让他们在爱与自由的环境中成长。

在活动前期的自由讨论中，我们将话语权、选择权交给孩子，让孩子充分表达自己独特的想法。教师也抓住每一次问题引发孩子讨论和思考，激发孩子探究的欲望，鼓励孩子勇于尝试，并给予孩子充分的信任，提供自由的时间和空间，让孩子自主操作、自我反思和总结。孩子在与材料和环境的互动中思考，在思考的过程中实践，在实践的过程中发展，通过这样一个循环往复的动态过程，孩子也建构了解决问题的经验，建构了对自我的认知，让孩子真正变为学习的主动者。

发现孩子，助力他们的学习与发展。

在制作小狮子的过程中，我们及时观察和解读孩子的需求，根据孩子的需求给予适当的介入、引导。只有知道孩子的需求，才会在孩子探究过程中自然而然地去促进孩子的学习与发展。例如，我们支持孩子用大量的生活材料与废旧材料进行创作，孩子们在制作的过程中也接触到了科学、雕塑、绘画、布艺等多方面的知识与多样化的材料和创作方法。材料不够了，不知道该怎么办时，我们也引导孩子调动“木工坊”“建构区”的经验进行迁移。

虽然我们的活动画上了句号，但浓浓的爱与成长不会停止。在未来的旅途中，孩子们会继续带着自信与自主，带着思考与探究出发。作为教师，也要感谢孩子们带给我们的启示与创意，在今后教育的道路上继续做更加明澈的“引路人”！